你不是孤单一人

小馆长 著

四川文艺出版社

序言 你好，陌生人

好久不见，我是小馆长龙伟涛。

谢谢你这么漫长的等待，真的非常感谢。

在过去的一段日子里，我去到了很多城市，也遭遇了人生的起起伏伏。

我在很多个深夜写下这些文字，就是为了和你见面。

现在我们终于能通过纸张，好好地聊聊了。

这本书对我来说意义非凡，因为我有太多想对你们说的。

过去几年时间里，我遇到了非常多向我倾诉的人。

有的人爱而不得，在漫长的夜晚落泪，内疚而痛苦。

有的人深陷痛苦，甚至不被最重要的人理解，活得孤独。

有人整晚整夜失眠，有人抑郁靠药物控制，有人相互喜欢却没法在一起。

人的内心之所以有空缺，那是因为有重要的东西枯萎了。

我相信人与人之间，因为一份倾诉和倾听，

就能变得亲密温暖。

超能力也许不能拯救世界，但是温柔可以。

爱很稀缺，但唯独爱，能真正填满你。

所以我写下了这些文字，希望这本书可以在未来的一段日子里陪着你。

我是一个怎样的人呢？

我真的很喜欢写东西，小学时喜欢用妈妈的电脑写故事，然后打印出来，画上插画，带到班上给其他同学看。

那时候就觉得，能通过文字和其他人分享自己看到的那个奇妙世界的感觉，真的超级幸福。

再后来，随着年龄增长，也写过一些灵感促成的片段和短故事。

真正使我坚定信念的是我高一的语文老师，那时候每周都要写一篇一千字的作文。

我写了一首简短的小诗交上去，本以为会被批评，没想到她给了满分。

而且她很温柔地用好看的字体写下批注：

很喜欢你写的东西，坚持写下去，你一定会很优秀的。

那一瞬间，那种被认可，被信任，被好好对待文字的感觉，让我动容。

我内心里空缺的那一部分，好像逐渐愈合、重生、焕发生机。

再后来，文字成了我人生的避风港，我也从事了和文字相关的工作。

毕业后我去了青岛，那是一个很美好、很可爱的城市。

哪怕是在我老家气温接近四十摄氏度的时候，青岛根本不需要开空调，就非常凉快。

而且北方的冬天也有暖气，在房间里甚至要热得脱掉外套。

那是很有趣，很生动，对我来说很有意义的一段日子。

于是又很多天过去，世界上发生了很多奇妙的事情。

有人相爱，有人分开，有人结婚生子，有人满世界旅行。

在这漫长的日子里，我写下了很多充满情绪的文字。

诸如我的跌宕起伏，汹涌澎湃，思绪万千，各种人生体验。

也许我的故事不是那么惊心动魄，我的表达没有那么迷人。

但我希望我是懂你的，我能理解你的情绪，明白你的欲言又止，能倾听你的心事。

在未来的一段日子里，我希望我可以和你们若无其事地闲谈。

与你分享让我感到爱与和平的一个温暖世界。

总之,谢谢你了。

最后分享一段我16岁时写下的、喜欢了很久的话——

在不久的将来,你一定会遇见那个给你温暖的人。

因为在过去很久的日子里,你漫无目的地认识着成百上千的人。

在这个拥挤着60亿灵魂的星球,莫名孤独,无望等待。

直到遇见他之后,一切都豁然开朗。

你会变成你最喜欢的模样,嫁给你喜欢的人,住进你喜欢的房子。

许多孩子,落地窗,靠近海洋。

上一本书《世界欠我一个你》是我和许佳洁一起创作的作品。

收获了很多很多读者的喜欢,也谢谢你们一路以来的支持。

这一年多,猪洁在忙碌其他钟爱的事情。

她特意托我向你们问好:

想你们。

—— 小馆长

目录 CONTENTS

第一封信　有关暗恋

004　我想你了
007　我只是假装不在意
009　我喜欢你，认真且久，从一而终
012　和喜欢的人聊天什么样
014　你是我忍不住想聊天的人
016　有种心动叫，对方正在输入
019　爱不爱你，都在细节里
022　暧昧多久可以确定关系
026　他喜欢你，就会来找你
028　我想要你大大方方地回应

第二封信　有关温柔

036　一想起你，我就忍不住笑
038　被人真心喜欢是什么感受
042　50件想和你做的事
046　你是非常可爱的人
049　要谈就谈很心动的恋爱
055　喜欢和你一起过冬天
057　想在你怀里当个废物
060　和舒服的人谈恋爱
063　碰见喜欢的人就是聊天笑不完
065　你是我的四季和欢喜
068　爱你的人，会哄你的脾气
072　恋爱里最温柔的一句话
075　和温柔可爱的人谈恋爱
079　恋爱到什么程度可以结婚

第三封信　有关伤害

088　好好谈心，别冷战了
092　他只是找了个借口和你分开
096　别和隐形男友谈恋爱
099　这次我不原谅你了
104　谈恋爱是讲先后顺序的
107　一个人熬过了所有的苦
109　我真的没有精力再失恋一次了
112　遮遮掩掩算什么谈恋爱
114　爱是如何自然消减的
116　女生最容易被什么骗
118　潜意识忘了回你的人，一定不爱你
120　对你失望的30个瞬间
122　别逼女孩子懂事了
124　异地恋从100分到0分的样子

第四封信 有关前任

134 恋爱的四个阶段

137 男生爱一个人的递减公式

142 分手后的30个瞬间

144 失望是一点一点叠加的

148 你可不可以珍惜我啊

152 别到了分开才后悔

154 你不主动，我不主动

157 再见了，我喜欢的人

161 那就这样吧，我们谁都不要联系谁

164 最终还是把他删了

166 真正爱过的人，不能做朋友

169 我很酷，别联系了

171 她是如何离开我的

175 我们再也别相互亏欠了

179 亲密关系是如何结束的

第五封信　有关治愈

190　不要太快喜欢一个人
194　一个人也没关系啊
198　爱情里真正舒适的相处模式
200　遇见对的人再结婚吧
203　你真的了解我吗
205　那就去他的世界吧
208　不谈恋爱，我也很好
210　你不需要那么完美
212　每个人都在渡自己的河
214　30件杀死周末的无意义小事
216　你要的安全感只有自己能给
219　优先考虑那些优先考虑你的人
221　人的感情是流动的
224　单身是最好的增值期
226　缺爱的日子也别气馁
230　我要去远航了
232　不要熬夜，多爱自己
234　对刺猬女孩好一点

第一封信

有关暗恋

喜欢是液态的，是线条，是光与影，是难以言喻的心情。

但并不是每份喜欢，都能收到同样等级的反馈。

每个人都应该明白这个道理，因为你一定经历过一场兵荒马乱——不敢大声表达，也不敢四处张望，这是一场自己的独角戏。

"我太喜欢他了。""我恨不得时时刻刻偷看他。"

诸如此类的暗恋，却最终自我消化，无疾而终。

这样的情绪就像人类的尾巴，在一点点退化。

而到了一定年纪，会频繁冒泡泡般流出"今天也很想你"这种话。

我曾经因为你喜欢方大同，而把手指弹到起茧；

因为你提了泰戈尔，我背了一整本《吉檀迦利》；

因为你喜欢看比赛，我认识了几乎所有的球星。

后来你谈的每一次恋爱我都知道，你发的每一条朋友圈我都会点赞，每次过节的时候我也会假装群发跟你说话。

我是真的喜欢你，但你也是自由的。

为了不让别人看出来我对你特别好，我只能对每一个人都很好，可我不委屈，是我太懦弱。

其实有很多次我都想要跟你表达心意，但是几百字在对话框里来来回回修改，到最后还是都删掉了。

我觉得自己可能是不够优秀吧，于是努力让自己变得更好。

把一切都进行得悄无声息，就像一场战役，从战略到布局，都一丝不苟，坚持不懈。

但最后你还是没能跟我在一起，我连一秒都没有拥有过你，却感觉失去了你千万次。

纪伯伦说：

"人们会用一分钟的时间去认识一个人，用一小时的时间去喜欢一个人，再用一天的时间去爱上一个人。到最后呢，却要用一辈子的时间去忘记一个人。"

可能在未来的某天，我会鼓足勇气对你表白。

其实结果我是知道的，只是为了断了念想而已。

但是偷偷喜欢你这件事，我已经做了很多年了，我一点都不后悔。

你很可爱这件事我要保密，免得你太得意了，对吧。

我想你了

我想你了,但我没有告诉你。你可能知道,也可能不知道。

早上醒来,还没洗脸刷牙的时候,我就翻出手机跟你说:"早呀,你醒了啊?"中午好不容易忙完,闲下来的时候,我给你发了消息,问你:"你吃饭了吗?"

到了晚上我也一直没睡,其实我不是真的习惯那么晚睡。

只是没有跟你说话,我很难睡着,我希望在我找你之前,你先对我说"晚安"。

但你没有,所以我也就没睡。

有时候想你了,我会心神不宁;想要跟你说话,给你唱歌;想要给你发非常多的消息。

这时候所有人我都不想理,我只想好好跟你说说我今天过的是怎样的一天,好的坏的我都想告诉你。

上班路上突然下了雨,我的鞋子都湿透了;中午的外卖很难吃,我倒掉了;我第一次在娃娃机上抓到这么多只娃娃;回家路上还有个可爱的老婆婆送了我枝花,我很开心,就像见到你时那么开心。

总之,这就是我简单的一天。

我想要把这些话都告诉你。但是我没有,打了很长一段话都删了,把歌单循环了几遍,我还是没敢发出消息。

我想啊,如果你也找我的话,我想你会看到我犹犹豫豫的"对方正在输入"。也许你就知道我在想你了。

有时候好不容易下定决心了,给你发了句"你在干吗呢?",但你一直没有理我。

你没回消息的一分钟里,我想,你是不是嫌我烦了。

我为什么说这么多话,早知道不发了。你没回消息的第十分钟,我很难过,觉得自己被嫌弃了。为什么你还不搭理我,可能是话不投机半句多吧。

今天是周末,现在已经快要十点了。我在想,你是不是出去玩了,身边有没有比我更讨人喜欢的家伙。

你是在听歌呢还是看电影呢,还是说,你跟我一样,也在想方设法地找某个人聊天。

想着想着心里有些乱,不知道如何表达。我就胡乱地发了一条朋友圈,内容是欢天喜地的。

其实没有别的原因，我只是想告诉你啊，你不回我消息我也过得很开心的。

要是你点赞或者评论了，那可能说明你还是在意我的吧。要是你忽略了这条朋友圈，那它也不会有人看到。

因为是仅你一人可见，你不知道吧。

很多时候我都无法控制我的喜欢，正如我无法控制我去想你，我想知道你这一天都做了什么，遇见了些什么人，又想了些什么。

其实我很羡慕你身边的那些人，他们可以每天若无其事地与你聊天。而我，却只能隔着屏幕，思索了半夜只敢给你发一句："你在做什么呀？"

我真的很不喜欢这样的感觉，说不出口的委屈才叫委屈，小心翼翼打完又删的话才最戳心。

其实后来，我也有每天都想你，一如既往地喜欢你。但是我已经放弃了，我什么都不做了。

我再也不给你的朋友圈点赞和评论了，不再给你发很多不好笑的笑话，也不再绞尽脑汁想很多你可能愿意聊的话题。

我想悄悄躲起来，看你会不会发现，我希望你有朝一日能想起我来。

然后你主动来找我聊天，哪怕不用说太多。

就问一句："你在干吗呀？"

我只是假装不在意

你有没有等过一个人的消息。

从白天到深夜,从睁开眼睛到凌晨两点,你一直在反复刷新手机,只为了看到他来找你。

可他没有。

你有很多次都告诉自己,别喜欢他了,多累啊。

你取消掉了他的置顶,也把他的备注改成你讨厌的东西,你希望这样能够弱化自己对他的想念。

你暗示自己别再找他,可你一整天都在等待中心不在焉。

你假装自己不会在意,可你收到他的消息之后恨不得反复读好几遍。

你输了,其实你知道。

你一想起那个人，看到他的头像，听到他的语音，你就像是失重了一般。

心里最脆弱的地方，也开始涌动，觉得自己快要坚持不下去了。

可一旦他告诉你，他刚才在忙，在加班，在吃饭。

你就心甘情愿地选择原谅他，并比之前更加热烈地投入在与他的聊天之中。

其实你都知道的啊，哪有什么太忙啊。喜欢你的人，巴不得24小时跟你说话。

他所有的敷衍与缺席，都只是因为他不够喜欢你罢了。

嗯，也可能不是不够，而是根本不喜欢。

很多时候就希望啊，假如当时不要认识你，就好了。

这样就不会屏住呼吸等你消息，期待你那边显示"正在输入"。

也不会因为你的一句话或者一个表情包，心情潮起潮落。

但也可能，明天早上我醒过来，就不会喜欢你了。

我不需要无止境地等待，也不用想象你每天在上演着什么。

所以，晚安，我想你了。

这是我最后一次这样对你说了。

我喜欢你,认真且尽,从一而终

有人写过这样一句话,有时候最美好的故事就是,无人知晓的黄昏里,树梢上婉转的低语。其实说的这种情绪很多人都有,就是最年轻又痒痒的反应,潜藏在心底,随时发芽。

之前在留言里面看到一条这样的消息:"我喜欢了他很多年,却只能是朋友那样。"

有时候,我们都需要知道这样一个道理,适不适合,喜不喜欢,能不能在一起,这真的是三个不同的问题。感情这种奇妙的东西无法强求,只能顺其自然。有些人分手之后还是心有不舍,仍然关注着对方的朋友圈。

有些人因为种种原因没有告白,以朋友的名义喜欢了对方好几年,还有些人在十七八岁的时候就开始喜欢了,可有的输给了距离,也有的输给了时间。有太多的感情都是这样,哪怕再喜欢也就这样了。

我曾经问过我朋友是怎么想的,那时候他因为一个电话,跨越几百公里去见对方。

我说:"她又不是你女友,你这么热情干吗?"

他只是耸肩笑笑:"无所谓啊,已经很好了。"

他告诉我,他不是不想在一起,而是担心表白过后,两个人只能够成为陌生人,连朋友都没的做。

在微博看到这样一段话,很有感触:"霍乱就是爱情,爱情就是霍乱。我们为这样的假设和描述而激动,进而联想到,我们之间遥远而无间的距离,漫长而短促的相思和爱慕,我们为此感动不已,却对我们的停滞不前,无可奈何,一筹莫展。"

有时候真的觉得,喜欢一个人,未必就要跟他在一起。永恒的方式可能有很多,但是爱情总是最容易溃不成军的那一种。所以真的没有必要那么担心,偷偷爱慕一个人,是每个人都会经历的一环,不是每段感情都会开花结果。所以,有时候也应该庆幸,哪怕最后没有牵到你的手,也庆幸我的世界有过你,就这样喜欢着就够了。

可能在未来的某一天,我会忍住不找你聊很尬的天,我会找一个比你更迷人的家伙,我会把你放在我好友列表的末端发霉,我甚至会忘了你的存在,但我知道,我是偷偷喜欢过你的,哪怕你一点都不知情,或者知道了也假装不知道。

  但是喜欢你这件事真的让我很开心,真好,谢谢你出现了,让我喜欢这么多年。

和喜欢的人聊天什么样

1. 有点小紧张,又很期待。
2. 会偷偷盯你是不是给自己发消息。
3. 你的回复直接影响我一天的情绪。
4. 看到"对方正在输入"就会莫名开心。
5. 你要是夸我了,我会在床上打滚。
6. 平时妙语连珠,对你却说不出话。
7. 你回我消息慢了的话,我会担心你和别的人聊天去了。
8. 我说晚安不是我困,只是因为你要睡了啊。
9. 故意不找你聊天,怕被你知道我的小心思。
10. 截了很多张屏。
11. 你说了我不喜欢的话,我会好气。
12. 你跟我夸其他人,我会气一整天。
13. 跟别人说话我都很直接,跟你说话会加语气词。

14. 没事就翻着看和你的聊天记录。
15. 会很花痴地笑起来。
16. 存了很多很萌的表情，留着给你发。
17. 你要是回我慢了，我会安慰自己你在忙。
18. 故意装高冷，其实心里超为难的。
19. 看到你说要吃饭要睡觉，心里就会莫名失落。
20. 跟你发了很多消息，会寻思自己是不是太主动。
21. 跟你聊着聊着，就握着手机睡着了。
22. 晚上醒了好几遍，只为了看到你的"晚安"。
23. 你要是不回我消息我就清理对话框，因为我看到很尴尬。
24. 把你一个人置顶。
25. 玩游戏的时候，也会不顾队友来回你。
26. 怕多发一句你嫌烦，发少了你又不回我。
27. 跟你的聊天记录全是哈哈哈哈。
28. 你的语音我会听好几遍。
29. 经常给你写很长一段话，又偷偷删掉。
30. 想隔着屏幕，好好地抱你一下。

你是我忍不住想聊天的人

每一个晚睡的人，心里都有一个想要聊天的人。

你不一定会经常找他聊天，但你知道他也很晚才睡。你看到他发朋友圈了，给别人点赞了，你明明知道他现在还在刷微博看电影，但你就是不敢给他发消息，只是盯着他的头像犹豫很久很久。

有人给你点赞，找你聊天，但你一个都不想搭理。只是回复说自己就要睡了，然后礼貌性地回复一句"晚安"。

你只想跟他一个人聊天，但他却对此一无所知。

慢慢地你开始觉得，自己之所以熬夜，可能是因为曾经习惯了这样一个人，他陪你长聊到深夜，什么话题都说。

可后来因为种种原因，他再也没有找过你了，那时候的一番热情，在现在看来，好像什么都没有发生过。

你好几次编辑了一大段的消息，想告诉他，你想他了，可是到了最后，又把对话框清空了。

跟他说话需要莫大的勇气，你害怕他觉得你太主动，所以你在等。

你以前听别人讲过的，男生喜欢一个人都是很直接的，如果有，他一定会找你聊天。但他没有，你也知道理由。

到后来你咽下了所有的心里话，把想说的重点词都划掉，只留下一句："好的。"

说真的，千万不要在深夜，跟喜欢的人聊天。

因为人在晚上的时候总会变得感性和脆弱，那些不切实际的想法，总会在心底里疯狂且放肆地滋生。在你思绪混混沌沌的时刻里，你可能会情绪化地发出很多让你后悔的消息，到了第二天起来，自己翻翻聊天记录，只会尴尬到想钻地缝。

我听一个颇有经历的朋友说过，如何让生活美好有个诀窍。就是控制自己的情绪，不要找他聊天，好好睡觉，像一只冬眠的熊。你可以试试看，把熬夜和他都戒了，关上手机早点睡。

过几天，你会发现这个世界并不是非他不可。

有种心动叫，对方正在输入

感情里有种心动叫：对方正在输入。
有种心酸叫：对方撤回了一条消息。

为什么会让人心酸呢？原因可能是以下这种。
这是一些人的曾经，也是一些人的现在——你撤回的消息，对方并不在意。

感情里最怕的就是：模糊不清的感情，若即若离的恋爱。就像喜欢去的景点、喜欢吃的食物，你总是热情满满。
一段关系也是如此，并不是单纯靠点赞、秒回来评判，而是要看感情里，那个人对你的主动程度。

年少时的我们，或许有过这样的体验：和喜欢的人，即使彼此之间不说喜欢，但那不经意间的指尖触碰、眼神交流，就足以让人整夜辗转难眠。那时候的暧昧，连空气中都会散发甜蜜的味道。

但成年后，如果和一个人暧昧久了，对方还没有表白。

一种原因是：对方太害羞了，迟迟不敢有所行动；而另一种可能就是——没那么爱你，才会跟你一直暧昧。

作家小岩井，曾经讲过自己被暧昧的经历。

有一个女孩经常在晚上打电话给他，且常常聊到深夜。他觉得女孩是喜欢他的，只是他们谁都没有说出口。有一天，女孩牵着另一个男生的手出现在他面前时，他却只能在心里默默地说："好像遇到了世界末日。"

暧昧的关系，结局总是令人扎心。

25岁以后，渐渐明白，暧昧更像"消耗感情"的代名词。而随着年龄的增长，你也会发现，自己越来越需要一份成熟的感情：

那是清清楚楚的喜欢，明明白白的爱恋。

在《请回答1988》里面，狗焕和阿泽同时喜欢着女主德善。一个爱得犹豫，一个爱得坦诚。

女主最终的选择，自然也是给她笃定感情的阿泽。

他不但会大胆地跟别人承认自己对德善的喜欢，更会直接付出行动。

在德善约会被放鸽子的时候，他会放弃比赛，赶到她身边；在别人嫌弃德善能吃时，会主动把自己的那份让给她；会坦然真诚地夸奖德善："你比李英爱更好看。"

人对自己喜欢的东西，不会一直保持模棱两可的态度。爱情也一样，虽然会犹豫，但不会后退，更不会拱手相让。

真正喜欢一个人时，就算再冷静的人，也会努力靠近对方。比起暧昧不清，这种勇敢示爱的人，才会让对方更安心。对你忽冷忽热的人，彼此的关系也只会渐行渐远。

或许对方的确很忙，但前提是一定会给你笃定的感情。爱本质上来说就是一种态度，不会给你模棱两可的感觉。

其实99%的人，都能分清对方是否真的喜欢自己，只不过大家都不愿意承认而已。爱你的人，少不了有所行动。找无数次机会，去证明别人到底喜不喜欢你，其实是对自己情绪和你们之间关系的一种消耗。

感情这种事，不需要把自己包装好了，才想着坦陈心意。

爱一个人最好的方式，就是向前一步。

爱不爱你，都在细节里

有些感情就像拔河。你用尽了全力耗费了所有精力心思，将对方拉向自己。同时也能看见对方，在用尽全力不愿意向你靠拢。

横在中间的红条就这样向两边摇摆，却始终看不到它向谁身边靠近。

一个朋友，有天晚上喝醉了，手机也没电，关机了。第二天充了电才知道，那个喜欢了她很久的男生打了好多电话。询问了身边许多的好友，担心她以至于一晚上没睡觉，就像突然疯掉了一般。

也正因为这件事情，朋友在心里默默记下了，后来两人就在一起了。

我问她为什么决定在一起，她说："现在能有几个人会因为联系不上你，担心得一晚上不睡的？只有真心喜欢你的人，才会因为找不到你担心得睡不着觉，这样的人我该珍惜才对。"

对于你我来说，他喜欢你，所以愿意秒回你，愿意花时间花精力来找你，愿意毫不保留地付出自己的所有。没有找不到的人，只有不想理你的人；没有不想对你好的人，只有不喜欢你的人。

他不是看不见你的消息，也不是真的忙，他只是没把你放在眼里、记在心里。和很多人一样，我会突然想一个人，想知道他忙不忙，过得好不好，然后想来想去忍不住发条朋友圈。
谁都点赞了，唯独他没有。

忍不住给他发条微信，等了几个小时，也没等到他的回复。忍不住拨通了他的电话，想好了借口和有趣的话题，却被他一句"等会再说"给打断了。
他很闲，只是对我很忙。

其实很多人不能互相喜欢对方，我们都是可以理解的。同样，当我们遇到不爱的人或者不想交往的人时，也都会用各式各样的借口来拒绝。
真正地印证了那句话：被爱的有恃无恐。

因为你爱他，所以无论他做了什么你都仍旧爱着他。
但他却不懂，他也不想懂。

微博上有条评论说：真的太喜欢聊天秒回、走开了再回来还会解释刚才去干什么了的人，这种人是生命之光。

我想这样的人，要么和你关系很铁，要么就是爱你的人吧，不然怎么会秒回，怎么会解释离开时去做了什么。

人嘛，都会把时间和精力浪费在自己喜欢的事物上。对于那些不喜欢的，要么忽略要么拉黑。

他不爱你，即便你有一千种理由去找他，他也会有一千种理由拒绝你。他若喜欢你，便会来找你。

有些人不回你不爱你你就删了吧，因为最后难受的只有你自己。

暧昧多久可以确定关系

之前在后台刷留言的时候,一位粉丝问过我这个问题:"暧昧多久可以确定关系?"

看到这个问题的时候,我愣住了好一会儿,认真想了想,回复了她:"越短越好。"

暧昧是一个很迷人的词,有人说一段爱情顶峰的时候,就是在关系不明确的那段暧昧期。一旦确定关系,就丧失了那种将决未决的朦胧感,一切趋于平稳,就像左手摸着右手,虽然安稳,可也无趣得很。

如果说婚姻是爱情的坟墓,那确立关系就是暧昧的结束。与一个人处于暧昧时期,我们每天都要做阅读理解,确定自己内心有对方,却又不知道对方是否跟我们一样。

于是开始时不时用一些小动作去试探，反复思考对方平常的一句话是否别有深意，翻遍对方的朋友圈、微博去看是否有自己的痕迹。

聊天到深夜依依不舍，醒来第一件事就是看对方是否有给自己发信息。

得到积极的反馈，让我们欣喜若狂，却又小心翼翼不敢确定。

而遇到消极的结果，我们又惴惴不安，却在内心为对方开脱，或许他只是没注意到我的心意呢？

可以在一天内尝遍酸甜苦辣，在深夜辗转反侧，无法入眠。

暧昧就像一剂最烈性的春药，挑动着你的情欲，让你心脏狂跳，无法自拔。

可是，愈是迷人，就愈是伤人。

每一个暧昧成瘾的人，说到底，是因为喜欢啊。

你从心底喜欢着那个人，所以他只要站在你面前，什么都不用说，你就可以无条件地对他好。

无论他是否承认你是对象，你总是奋不顾身，赴汤蹈火。

你一直在妥协，在退让，自顾自地告诉自己，暧昧的时候他是属于你的。

他拿走了你心里最重要的一个位置，可他不需要对你负责。

万一，你输了呢？

你心甘情愿地付出，不在乎内心的忐忑，甚至乐此不疲。

那么迟早有一天你会被折磨得遍体鳞伤，输得一败涂地。

那个时候你甚至连一句指责的话都说不出口，说到底，你是他的什么人啊？

如果你不怕输，那你就放肆大胆地暧昧下去吧。

大多数时候，我们需要清醒一点，在我们对一个人心动的那一刻，跟他在一起才是唯一的念头吧。

既然如此，我们为什么要选择暧昧呢？

暧昧的那几秒钟像极了爱情，可是它毕竟不是爱情。

爱情是笃定的，是直接的，它从来舍不得对方猜忌。

它确定我们是属于彼此的，确定我们会在将来相扶相守。

确定我们看得到结果，无论结果是好是坏。

它不需要忐忑与刺激，平淡安稳才是它唯一的答案。

真正喜欢你的人，是舍不得跟你暧昧的。

你有多强烈地想跟他在一起，他也会是这样，你们都会迫不及待地想要沉浸在属于彼此的甜蜜恋爱里，根本没时间去暧昧。

所以啊，当你喜欢上一个人，与其自己忐忑不安地去猜对方的心意，不如直接大胆地去问，要么从此相恋，要么以后不见。

无论哪种结果，都不会有遗憾。

同时，如果你没那么喜欢对方，请也给对方一个明确的答案，别说些模棱两可的鬼话。

有些人暧昧不断，备胎无数，不是因为他们有多迷人，而是因为他们廉价且百搭。

他喜欢你，就会来找你

C在聚会上认识了一个男生，是对方先向她搭讪的，要了她的微信号，回去以后男生很快向她发来消息，对方说话很温柔，懂得很多，也很讨人喜欢，C对他开始有了好感，慢慢聊得也越来越多。从起床刷牙时的互相问早，到临睡前的晚安好梦，C并不懂套路，对爱情也没那么敏感，只是小心翼翼地猜测对方是不是喜欢自己。

但可以确定的是，她喜欢上了那个男生，直到某一天，男生毫无征兆地消失了，对方的朋友圈照发，微博照样给别人点赞，可是他却不再找C了。C很难过，她一头雾水，就像有人闯入了她内心毫无设防的城堡，却又悄无声息地离开了。你知道比分手更令人悲伤的事情是什么吗？比分手更悲伤的，是空欢喜。

很多女孩子会觉得奇怪，直觉对方好像喜欢你，却又不找你。这件事其实并不难解释，只是答案有点伤人。

我所知道的男性这种生物，大多都是抱有极强占有欲的，且脸皮很厚，一旦喜欢一个人，一定会表现出来，要是真的够喜欢，就会坐不住，时刻都想知道对方在做什么，干什么，见不到对方就会难过得像只被遗弃的小狗。

所以，如果那个男生喜欢C的话，一定会毫不犹豫地找她，可惜他没有。他之所以搭讪C，开始进入她的生活，没其他原因，可能是太闲了，等到C觉得是时候在一起时，他早已经搭上下一班的列车了。

所以，当你觉得对方若即若离，忽冷忽热，一定要记得放弃那些期待，去遇见更好更尊重你的那个人。

有时候谈恋爱就像一场博弈，我希望你不要先认输，他要是不找你的话，你就让他彻底消失好了。

我想要你大大方方地回应

喜欢你真的好累。

每天患得患失牵肠挂肚,想着跟你见面,跟你聊天。但你总是给我一种模棱两可的感觉,有时候跟我说得很开心,有时候,却又只是两三个字。

我很烦。

听别人说,喜欢一个人是藏不住的。如果你在意我,恨不得24小时和我通话,恨不得每天都跟我见面。

但你没有,我也无能为力。

喜欢一个人最可怕的地方就在这里,明明知道你的态度,也接近猜到答案,但就是心存侥幸,内心为你上演一万场辩护。

"或许,你在忙工作?""大概你心情真的不好。""一定是昨晚睡的时间不够!"

只要一收到你的消息,我就感觉像苦尽甘来,再也不赌气了,也不想耍性子了。你看,我真的好容易满足。

但是我也真的很累啊,也许非要撞到头破血流了才会回头。我也一直在告诉自己:喜欢你的人一定会来找你,没有例外。

我再也不想期待你是那个例外了!

等不来的消息就不等了吧,没有约好日期的见面就别见了吧。我也再少喜欢你一点吧。至少自己不会那么被动,我还可以进退,可以让自己选择。

某天你喜欢我的话,我也会很酷地告诉你:噢,可以呀。

要是你不喜欢我的话,我压根就不记得这回事呢,大大方方地问:你谁啊?

我可没有那么厉害,可以喜欢你很多年,没有任何期待。

你要是真的没有回应的话,我不喜欢了还不行吗?

第二封信

有关温柔

正因为你爱的人住在这里，宇宙才有了意义，这是霍金说的。

长到这么大，见过很多人，也听过很多故事，慢慢我发现，其实每个人生下来的时候都是带着缺口的，并不完美。

可能你有糟糕的，一点就燃的情绪；可能你脆弱，常常深夜无眠。

我们穷尽一生不是为了找到看起来般配的人，而是找到契合的灵魂，它可以治愈你的伤痛。

微博上看到一个故事。

一个姑娘的腰上有一块胎记，黑黑的很大一块。

之前的男友笑过她，让她用粉底遮一下。

她就真的有点自卑，买了深颜色的粉底涂在上面，毕竟谁被爱人说了都会不舒服吧。

后来她又交了一个男友，他第一次见到她的胎记时，她就转过身去。

他把她转过来说：腰上怎么落蝴蝶了，很好看。

她反问：不难看吗？

他回道：怎么会，有天我们老得谁也不认识谁了，我看见它，就知道这是我的心上人，多好。

人真的是可以被爱治愈的，不管外表还是内心。

有那么一瞬间知道自己被爱，就会让人分外欣喜。

认识一个心理咨询师朋友，他见过太多的抑郁症案例。

有个患者，去年在房间好几个月不出门，整个人都是郁郁寡欢的。

后来认识很久的男孩子对她表白了，在知道她的处境和状态下。

她一直和他说不要在一起，会很麻烦的，会被拖累的。

每次难受了她就会发很多莫名其妙的消息，发脾气，躲在卧室里不出来。

但这个男生从来都说没有关系，反正自己有耐心。

大家都担心，男生的喜欢不久之后会消耗完。

可一段时间之后，她在慢慢好起来，现在每天都很开心，情绪也能稳定下来。

患者都说这是一个很难得的结果，无疑他就是那个对的人，可以救自己于水火。

他了解你的软肋，也触摸你的柔软，他一点一滴治愈你。

被人喜欢是多幸福的一件事啊。
但被爱，是那个人无条件接受你的一切。
你不再为之自卑、担心、遮掩、不安。

你可以素面朝天地见他毫无包袱，你也可以放心袒露自己的伤口。
他知道你的所有故事、所有情绪、所有表达，所有，他都全盘接受。
因为你知道，人是真的可以被治愈的。
每个人都是温柔的，被爱的。

你问我怎么形容你，大概是生命之光、欲望之火。
是阿司匹林布洛芬，是浪漫星辰璀璨烟火，是24小时的便利店。
是炒栗子和创可贴，是被定格封存的记忆罐头，是甜甜的棉花糖。

是让我沉沦的黑白琴键，是稀里糊涂的可爱情话。

是一切不可思议童话的开篇，是从冰层下挖掘的神秘诗歌，是人类的180种情绪。

是古埃及的猫咪，是万物理论，是我的血液和染色体。

是昏昏欲睡的末班车，是我的下课铃、我的心跳频率。

是最遥远又和梦有关的，是我想要触碰却又频频缩手的，是我清晨的浪漫，疲倦的海。

是我想要说很多很多话的灵魂，是让我无法拒绝的地心引力，是亚当忍不住摘下的苹果。

是藏在巨龙城堡里的可爱珍宝，是在无菌环境里还担心枯萎的花，是我情不自禁的冒昧。

是对抗这个乏味世界的爆米花，是完美对称的玛瑙琥珀，是被时间打捞起来的海洋之心。

是我的每一个逗号和沉默，是我的欲言又止、我的欣喜若狂，是人类纪年的一抹灰烬，是我何其漫长的难熬离骚。

你问我怎么形容你，大概就是这样。

一想起你,我就忍不住笑

记得之前看过的一部日剧,妻子给丈夫写信问:你还记得上次约会我迟到了10分钟吗?

其实那天她早早地到了,她隔着一条街看到了在等待的丈夫。但她没有作声,只是静静看着对方。

"我一想到这个人正在等我呢,不知为何就觉得很开心,就想一直远远地看着你,因为你的身影可比电影好看多了。"

喜欢一个人的时候,就是看到对方的一举一动,都会觉得特别亲切。

狐狸也对小王子说过,如果你说你在下午4点来,从3点钟开始,我就开始感觉很快乐,时间越临近,我就越来越感到快乐。

到了4点钟的时候,我就会坐立不安。

这种感觉，每个喜欢过别人的人都体会过。

一想到你啊，我就觉得世界如此美妙，就觉得每天都有了盼头。我从早上开始等着你的早安，期待你对我说的第一句话，做的第一个表情。

到了中午，也希望你跟我聊聊在此之前几小时发生的事情。无所谓好坏，有趣还是枯燥，我都愿意听，也都喜欢听。

到了晚上，要是你不在我的身边，我会盯着手机消息，辗转反侧。我想你陪我说说话，再哄我睡着。

其实我跟别人说话的时候很闷的，但跟你却停不下来，就像个话痨。

一想到你啊，就觉得心里多了很多柔软，也卸下了所有的防备。每天只要能看见你，心情瞬间就好了，无论多烦多糟糕，转眼都消失不见。

想跟你做很多有意思的事情，我喜欢的也好，你喜欢的也可以，要是咱们都喜欢的，那就最好不过了。

我就是这样，一如既往地喜欢着你，一想起你呀，脸上就会挂不住地想笑。

你呢，要不要也喜欢我？

被人真心喜欢是什么感受

在微博上看到个话题——被人真心喜欢是什么感受。

脑海里闪回了很多的片段，那些最真实、纯粹、干净的喜欢。它藏在电影《美丽人生》里圭多的那句"早安，我的公主"里；藏在《春光乍泄》何宝荣说的"黎耀辉，不如我们从头来过"里；也藏在王小波"你要是愿意，我就永远爱你，你要是不愿意，我就永远相思"的心动里。

其实很多时候，我们的喜欢太过潦草了，把一时的好感当作了喜欢。

后来才知道，夹杂着新鲜、胆怯、顾虑和退缩的那种感觉，喜欢的确是喜欢，只是没那么真心。

而当我们被真心喜欢着的时候，才会发现：真正的喜欢是宠溺、是偏心、是首选、是例外、是自私、是占有、是独特、是唯一。

真正的喜欢是，即便在拥挤的地铁里，也会想办法抽出一只手拥住你。

真正的喜欢是，吃掉一颗草莓味的糖发现还有巧克力酱，也不用担心有人跟你抢。

真正的喜欢是，从此再没有什么人间疾苦，爱生活甜到掉牙，又怨这百年太匆匆。

这种喜欢才是最让人无法自拔的恋爱吧，被人真心喜欢着真的是一件超甜的事情。

像是《怦然心动》里被朱丽喜欢着的布莱斯，朱丽眼睛里总是有很多很多的星星在发着光。直接大胆却又小心翼翼。

他的出现，你也会发现是那么不可思议，仿佛世界一下子明亮了起来。

当他向你走来时，脚步轻盈，鞋上是路上碾碎了泥土挂上的几缕春风，他像只莽撞的幼兽扎进你温暖的怀里。

你会全然不顾他乌糟糟的衣服，他微卷着的衣襟里夹带着几片朝颜新鲜的花瓣，是给你最好的礼物。

他闯进你平凡的白日梦，搅乱你的思绪，炸掉你世界里的狼狈与疮痍，轻轻拿走你生命里所有的"将就"。

伺候他沐浴更衣，去掉一身泥土，熨平身上大大小小的伤痕，最好一并烧掉前尘。

你们试着就着晚风下酒，他点滴的眼色是午夜欲拒还迎的半裸星光，总能让你微醺，席间推杯换盏，不醉不休。

你总觉得他有些不讲章法，几番交手下来却发现冬未至夏未走，好像势均力敌般刚刚好。

他既然来了，就不会走。

只有我们被人真心喜欢过，我们才知道什么是我们想要的爱情。

被人真心喜欢过，我们才能更好地分清什么是真心的感情，什么不是。

你只有被人真心地喜欢着，你才能真正感受到自己是值得被爱的。

而当你遇到过一个小心翼翼、赤忱地爱着你的人之后，就算再遇到多么挫折的事情，只要想到他，整个心也会变得柔软。

王小波曾对李银河说："见不到你的时候，我难过得像是旗杆上吊死的猫。"

乔布斯写给妻子的情书中说："与你携手共度的20年里，我如坠云端，从未踏足人间。"

这样的喜欢，才让我们深觉人间值得。

最后希望所有已经恋爱的,那个人是真的喜欢你。

而那些还未开始的,别急啊,他正在跨越人海,来到你身旁。

50件想和你做的事

1. 想和你去迪士尼,帮你拍很多好看的照片。
2. 想跟你一起看鬼片,两人挨得特别近。
3. 想跟你喝很多的奶茶,然后摸摸你的肚子。
4. 想和你一起健身,被你举得老高。
5. 想送你一本《小王子》,被你夸是独一无二的玫瑰。
6. 想在公司门口被你送一束花,然后在同事羡慕的眼神里回家。
7. 想和你一起做饭,做彼此都最喜欢的口味。
8. 想给你折很多的千纸鹤,攒满就可以许愿了。
9. 想和你一起去土耳其,看着漫天飞舞的热气球,我有话对你说。
10. 想和你去蹦极,体会濒临末日那一刻的感觉,想着我爱你。

11. 想和你一起潜水，在水下模糊地看着彼此，真想沉浸在此刻。

12. 想听你念一首情诗，最心动的那首让我入眠。

13. 想和你彻夜聊我们的未来，以后会怎样，毕竟是最爱的时刻。

14. 想跟所有人介绍你是我喜欢的人，大大方方。

15. 想让你帮我洗头发，吹到干干的，然后亲我一口。

16. 想和你躺在沙发上发呆，外面接近黄昏，我们沉默也有趣。

17. 想和你去海边露营，在帐篷里看看落日的余晖。

18. 想和你看一遍《爱乐之城》，然后告诉你千万珍惜我。

19. 想在跟你告别之后，偷偷躲在其他机舱，在你落地的时候给你惊喜。

20. 想跟你一起学猫叫，喵喵喵。

21. 想跟你在大雨里紧紧拥抱，哪怕城市为我颠倒。

22. 想好好跟你合唱一首情歌，看彼此眼里的星星。

23. 想跟你赌气，让你千方百计来哄我。

24. 想跟你一起去酒吧，跟你微醺着看彼此。

25. 想跟你分享一份甜品。

26. 想跟你手拉手去逛超市，考验你会不会买我喜欢吃的零食。

27. 想跟你一起去捏陶瓷，做出最心动的形状。

28. 想跟你穿情侣装，用情侣手机壳。

29. 想跟你去一趟非洲，在雨季看超多的动物。

30. 想给你化一次妆，然后捏捏你的脸蛋。

31. 想让你给我捶捶背揉揉腿，像个大爷似的使唤你。

32. 想和你一起爬山，看一场日出。

33. 想跟你一起去京都的寺庙祈福。

34. 想跟你去小樽一起看雪。

35. 想跟你打一通宵的电话。

36. 想跟你去坐最高的摩天轮，体会在空中的滋味。

37. 想跟你一起游泳，在水里尝试拥抱。

38. 想跟你一起收养一只走丢的小动物。

39. 想跟你吃冰激凌，你一口我一口。

40. 想跟你玩扑克游戏，输了的人要在对方脸上画画。

41. 想跟你玩你画我猜，看看能不能猜懂对方。

42. 想跟你去很多不同的城市，每个地方都用同一个动作拍照留念。

43. 想跟你骑单车，在海边吹吹风。

44. 想早上把你亲醒，看你迷迷糊糊还傻笑的样子。

45. 想和你去动物园，看看哪只企鹅比较像你。

46. 想和你一起做家务，把房间收拾得干干净净的。

47. 想给你理一次发，要是难看了不准怪我。

48. 想去接你下班，看你那么忙对你好一点。
49. 想跟你好好聊聊未来，关于结婚，关于孩子。
50. 想把你写进自己的户口本。

你是非常可爱的人

很早以前,我看过一部电影,里面有句话是这样说的:请记得那些对你好的人,因为他本可以不这样。

大家都很忙啊,谁又有空一天24小时看着手机,只为了回你消息呢?谁又有空那么冷的天在你的楼下,等你一起去逛街看电影吃饭呢?谁的钱那么多,愿意给你买礼物,愿意带你去吃好吃的呢?

他之所以愿意为你做那么多,很简单啊,只是因为他喜欢你。

真正爱一个人的时候,很多事情是会情不自禁的。他拥有的没有的都想给你,只是为了让你开心。

所以,你一定要好好珍惜那个把你宠上天的人。

王小波说过一句很甜的话,我以前特意拿本子记录过:

你想知道我对你的爱情是什么吗?就是从心底里喜欢你,觉得你的一举一动都很亲切,不高兴你比喜欢我更多地喜欢别人。你要是喜欢别人我会哭,但是依然喜欢你。

他愿意把所有最好的都给你,看到好的东西,就想买下送给你。

刚学会的美食,想要做给你尝,整个脑子里都是你。

他会对你说情话,陪你轧马路,带你去遍所有的游乐园。

他陪你看雪泡温泉,陪你游泳晒太阳。他陪你看书听歌,也陪你旅行去流浪。你想去的你想做的他都愿意陪你。两人三餐,四季爱你。

我以前就说过,女孩子都是越宠越好的。因为当一个女孩决定跟对方在一起的时候,也就是说她放弃了其他所有的可能。往后的拥抱、亲吻、早安晚安,以及日复一日的陪伴,都只能是他一个人给了。

无论他怎样,是踩着七彩祥云,还是普通到没有一点波澜。你已经把自己完全交付给他了。在最美好的年纪,你选择了他,他当然就应该对你好呀。

那当然,作为回报,你一定也要给他最好的亲吻和拥抱。

他做饭你记得帮忙,他买回来绿植你记得浇水,他问"你愿意吗"的时候,你记得说"那当然"。

总之啊,你要相信,在未来的漫长岁月里,你一定会遇到那个对你好得没话说的人。

他像冬天的被窝一样暖,也像春天的熊一样温顺可爱。他愿意与你共度余生,为你倾尽所有。他能替你挡子弹,也会为你做早餐。

就像王小波说的那样:你啊,是非常可爱的人。

真应该遇到最好的人。

要谈就谈很心动的恋爱

最近真的谈了很喜欢很喜欢的恋爱。

从没想过我会如此陷入爱情,太可爱、美妙、心动、浪漫、愉悦、舒服,回味无穷了。

就觉得怎么会有这样的她,怎么会有这么甜的人,就觉得无数的词语都想用来形容她的好。

就在一个半小时后,她在一边化妆,一边同我讲话,于是我跟她分享起看到的一个视频内容:

视频里,一个男孩想给自己的女友惊喜,跨越了很远的城市,精心准备了很多礼物,然后让自己的朋友找到女友假装采访,问她:"美女,请问你有对象吗?"

男生就躲在不远处手捧鲜花,准备随时冲出去给女友一个惊喜。但女友面对别人的发问,却没有犹豫地回答了一句:"没有啊,我单身。"

那个手捧鲜花的男生一瞬间木然，然后无比失落地离去了。

看完视频，我对R说："怎么会这样啊，谈个恋爱搞得遮遮掩掩的，一点都不坚定。"

如果是我，无论何时何地谁来问我，我都会毫不犹豫、无比笃定地说："我有对象啊，她啊，是全世界最好的人。"

就是这样子，非常真挚、肯定、欣喜。

然后我问R："你也一定会这样回答的吧。"

她一边化妆一边对我说："当然了，一定会。"

其实我觉得都不需要问，她本身是一个很酷的女孩子，现在的头像、微信、微博，甚至是听歌的软件和小尾巴，全部是和我有关的东西。

我没有暗示也没有要求过，但她却忍不住和全世界分享自己的喜悦，我能真真切切地感受到她溢出来的情绪。

就是这样心动和心定的感觉，不需要每时每刻聊天，但还是会忍不住鸡毛蒜皮都想要汇报和分享。不会有任何猜疑和假想，就是坚信自己喜欢的人无比可爱。

我想起一对艺术家夫妇所做过的一场展示：

丈夫手握着弓，妻子则把箭拉到最大的力度，箭头则正正地对准了丈夫心脏的位置，这是绝对的信任和依赖，把自己完完全全地交付给另一个人。

R超可爱的,她也常常对我说:"你啊,真是要了我的命。"

我也是这样的感觉吧,就是两个各自冷淡的家伙凑在一起,居然变成了恋爱脑十级的存在。

她温柔,善良,有趣,魅力十足。

我真的不知道怎么说,就是那种恋爱的时候还会自我怀疑:"天,我可没有拯救过银河系啊!"

就是一开始的时候还会反复确认,为什么她那么懂我的每一个点啊,导致我一度以为她在向下兼容我。

总之超级开心,我可不是什么恋爱脑。

我不是刚升高中的小弟弟,这些年也见证过千奇百怪的倾诉和爱情。

我只是觉得,恋爱里遇见自己心动的、超级合拍的人,真的会激活最可爱、最浪漫认真的自己。

过去觉得害怕的,觉得恐惧麻烦的,统统变得那么简单,那么轻而易举。

正因为你爱的人住在这里,宇宙才有了意义。

这是霍金说的,我也是这样认为的。

我对 R 有说不完的话，她对我也是这样，大事小事有的没的。

这种被强烈喜欢和在乎的感觉，也正是我们对爱的意义的追寻。

R 是个语文老师，在很长一段时间里，她的学生都分明察觉，自己的老师最近变得尤其温柔，每天都有止不住的笑意和开心。

那我呢，其实也超开心，忙什么事情都很开心，做任何一件事情都干劲满满。

看到她的每一条消息都开心，收藏她发给我的可爱语音，精心准备很多她会喜欢的礼物，把她当公主和孩子般对待。

我始终觉得，这一切很不容易。

因为我知道，这世界上有太多的人即便结婚，也不是和自己顶级心动的人在一起，可能是马马虎虎凑合过日子，或者是因为父母的唠叨将就在一起。

他们被问到婚姻生活，回答也是用那种中性词："啊，还不错吧。"

每个人这辈子都只能活一次，不能和喜欢的人在一起，其实再怎样都是不完整和可惜的。

更何况，有些人短短两年就离婚，还有一些人在争吵与猜忌里度过，在与孩子的掰扯和眼泪里过活。

不管怎么说，爱就是爱，不应该是权衡利弊下的选择，而是发自内心地在乎、在意，在宇宙星河里，也会想守护你。

都看过《小王子》吧，就是小王子对玫瑰的那种小心翼翼的喜欢。

把玫瑰保护在玻璃罩之下，独一无二的，足够珍贵的。

即便在这个世界，拥有无数美丽可爱娇艳欲滴的玫瑰。小王子也会回答："你们很美，但你们是空虚的，没有人能为你们去死。当然，我的那朵玫瑰花，一个普通的过路人以为她和你们一样，可是她单独一朵就比你们全体更重要，因为她是我浇灌的，因为她是我用屏风保护起来的。我倾听过她的怨艾和自诩，甚至有时我聆听着她的沉默，因为她是我的玫瑰。"

无论什么年纪，面对感情，我都建议你一定要和认真爱你的人在一起，被真心对待的感觉比什么都好。

任何让你心累，让你患得患失的感情，都是错误的、没意义的，长时间下来也绝对会让人身心疲惫。

每个人的一生，能遇到超级喜欢且超级喜欢自己的可爱之人，机会不会很多。

如果有这样的机会，无论未来会怎样，也一定要用真挚、全力以赴的态度去维持这样一份缘分。

R此时此刻正和她的表妹在吃夜宵。

她说,路上遇见了她的学生,居然一眼就认出了她,她说自己忍不住心里暗暗失落,难道自己的有效化妆失败了吗?

然后她给我发了她在吃的烤串,我说这是什么啊,真像个方天画戟,她说这是鸡翅啦。

"如果你在忙,不回我也没关系的哦。

"我就是什么什么事都想发给你。

"想跟你分享我的一切一切。

"我觉得,自己不能没有你。"

这就是可爱的R老师,即使打游戏的时候会生气:

"什么啊什么啊,菜还不让人说。"

但是和我说话的时候,还是会忍不住嗲声嗲气起来。

这很好啊,爱应该让人变得温柔勇敢。

希望我们都能和喜欢的人在一起。

喜欢和你一起过冬天

这两天,我的城市下雪了。
你的城市呢?

也不会觉得很冷,感觉一觉醒来,四处都是雪白。周围的玻璃冒着雾气,路边的水洼也开始结冰。整个世界好像变缓了节奏,行人和狗,都走得很慢。

说真的,这样的天气,让我分外想念你。不知道你会不会也想我。其实不用太多,像我这样的程度就够了。

我花了半个月给你织好了围巾,虽然丑丑的,但也暖暖的。希望送给你的时候,你会很喜欢。想要把手伸进你大大的口袋里取暖,想要和你一起吃火锅涮羊肉,吃一切带热汤的东西。

虽然我不是很喜欢冬天，但是超级喜欢下雪。在这样一个季节，感觉和你做什么事情都会少女心泛滥。

和你一起堆一个奇怪的雪人，给它围上围巾，看它融化；想要穿得很好看，让你当我的摄影师，给我拍很多照片，然后发的时候，我会记得艾特你。

我们要去雪下得最多的地方，然后牵着手四处游走。

想被你说是你的小朋友。和你一起踩雪，发出吱吱的声音，躺在雪地里，滚个大雪球。

想给你煲汤，想被你抱抱。想和你一起躺在卧室的地毯上，撸猫喝茶，看甜甜的剧。

在这样的一个冬天，我有成百上千件想要和你一起做的事情。

最重要的是，你一定要在我身旁。

这样啊，冬天对我而言，才会特别有意义。

想在你怀里当个废物

　　身边有人谈了场恋爱，每天都甜到不行。时刻手机聊着，面见着，电话打着。

　　她跟我说：小馆长，我下辈子不要做人了，我要做个宠物，每天只要对我喜欢的人撒撒娇就可以了。

　　我很平静地说，那恭喜啊。

　　其实心底还是多多少少有点羡慕。因为被人宠爱，真的是件很开心的事，就像一只猫咪可以随意撒娇，反正有人让着自己。

　　遇到他之后你才相信，原来谈恋爱是件这么轻松美妙的事。

　　张小娴曾说过，对你最好的那个人，换句话说，也就是最好欺负的人。

　　你可以什么都不操心，架也吵不起来。你脾气不好他迁就你；你想要的礼物，总是下一个节日就会收到。每次不经意间掉的眼泪，都是他自责的理由。他愿意为你放下身段，和你像个孩子般恋爱。

我见过躺在沙发上睡成一摊软泥，还有人喂零食的；也见过洗澡后，有人帮她把头发吹干的；还见过摆出很多动作，只需要等着那个人把照片拍到最好的。

很多时候，你刚开口说第一句，他立马就能接上来。他会拼了命跟你找话题，只为让你聊得开心。他会夸你好看，说你讨人喜欢。只要看你一眼，他就会藏不住自己的笑。

与对方相处的时候，你会感觉自己无时无刻不在被包容着。他陪你逛街，陪你看电影，陪你吃饭玩游戏，只要你喜欢，什么都愿意陪你。

他在意你的情绪，秒回你的消息，只因为他心里全部都是你。

但最让你感到满意的是，他愿意给你未来。一个男人假如选定了一个女生，那么他的往后，无数个365天里，那些拥抱、亲吻，所有的一切，都只属于你。

在未来漫长的人生之中，希望你们都能遇到一个这样宠爱你的人。他温柔又有趣，可以让你放心把手交给他。你只需要靠在他旁边睡得很香，而他，则负责变成你的梦与安全感。

和舒服的人谈恋爱

有朋友跟我开玩笑说,谈恋爱找到太过合拍的人,也未必是件好事。

半夜说想吃火锅,结果他也口水哗啦地说好呀好呀,立马爬起来把自己往火锅店拽。随口提了一句"夏天不喝酒,就是在辜负夜晚",一到家,就看到他准备好的酒和冰块。

我听了笑得不行,觉得在遇到了一个相处舒服的人之后,这样的生活还真是美好呢。

有句话大家都知道:"乍见之欢不如久处不厌。"

真的是这样的,两个人能长时间相处,靠的并不是初见时的瞬间吸引,而是彼此熟悉后,还依然喜欢黏着对方。

一起吃过那么多次的饭,看过那么多场电影,仍然不觉得厌倦。

很多人都说，世界上最美好的事情，就是找到了有趣的灵魂共度一生。

他和自己志趣相投，笑点相同，随便什么梗都能接住，什么话都能理解。两个人彼此保持好奇心，相看两不厌，即使只是挨着坐在一起，哪怕沉默也不尴尬。

在这样的人身边，你可以不用小心翼翼，不用注意形象，不用刻意改变或者迁就，你可以完完整整地做自己。

想在夏天牵手散步，就一起出门吹风。想要一点乐趣，就拿出杯子，喝几口小酒。两个人坐在一起，喝酒喝到微醺的那一刻，会发现全世界都亮堂了。

总之，这样的生活是十分美妙的，经历过了就会懂。

想起木心的一句诗：哪有你，你这样好，哪有你这样你。

遇见了对的人，谈了场合适的恋爱，就会越来越像个孩子。他会明白你的所有情绪，然后给你心动，让你心定。在他身边，你可以像只猫咪般撒娇，也可以在心情不好的时候狠狠欺负他。

我始终觉得，人生已经很累了，还是要和那个让你舒服的人在一起，对吧。

毕竟我们已经过了那个你不喜欢我、我也非要喜欢你的年纪了。现在的我们谁都不想再取悦了，跟谁在一起舒服就和谁在一起。

累了我就躲远一点,你喜欢我,我喜欢你,那么我们就在一起,如果不合适也不要勉强。

碰见喜欢的人就是聊天笑不完

惠惠跟我说，讲真，不想和人聊天了。聊得来的人越来越少，有些人一开口就想关掉对话。

如果你想知道你和谁聊天最多，和谁最聊得来。其实很简单，搜索"哈哈"就知道了。刚才我在奶茶店，让惠惠试了下，她照做了。

微信框弹出那个名字的时候，两个人都很尴尬，是她的前任。虽然已经分手半年，但是哈哈哈的数量还是碾压其他所有人，足足5000条。

其实真的是这样。刚交往的时候，两个人都是傻子。

就像王尔德说的那样，爱情就是俩傻东西追来追去。看到好笑的段子，喊你看，你也给我笑；看到可爱的猫咪，发给你，你说它像不像我；隔壁桌的情侣好傻哦，这个人的发型怎么回事，哈哈哈哈哈。

　　在恋爱最甜蜜的时候，无论说什么都觉得很开心。但到了后来，哈哈越来越少，更多的，是彼此的冷漠与敷衍。

　　我承认我是一个恋旧的人，但是我从来不会保留聊天记录。

　　我把那些曾经珍视的截图，一次次让我笑得像神经病的对话，全部毫不留情地删除了。因为我不想再被刺痛了，如果像电影那样放映我们的聊天记录，我会再一次经历由喜到悲。从最初的无话不说，到一步步无话可说。

　　那些过去两人最默契的笑话，哪怕是放在现在看，我也会忍不住大笑起来。可是笑得越大声，对我来说，越是残忍。

　　你舍不得取消微博对他的特别关注，舍不得取消微信给他的置顶聊天。你经常看着那几百页的聊天记录出神，仿佛能够回到那个两人相互喜爱的过程中。

　　而你可能不知道的是，他早就把关于你的痕迹删得一干二净。

　　所以说啊，以后的路还长着呢。我把聊天记录删掉好好过，你也慢慢走。

　　迟早会有一个人，跟我的"哈哈哈哈"，超越我和你的。

　　一定。

你是我的四季和欢喜

我喜欢你这件事,三言两语概括不了。

你是我在武侠小说里偶然捡到的武林秘籍,是深夜饥肠辘辘在路边发现的便利店;你是巧克力甜筒的尖儿,是我喝完苦药后的糖;你让我满心期待,日思夜想。

我可以对任何事物一视同仁,却只对你一个人偏心。

人生艰难,生活坎坷,而你大概就是我琐碎生活里不多的乐趣之一。一想到你呀,我就可以瞬间满血复活,战胜所有困难。无论有什么阻力,我也总会想到办法去到你的身边。

我那么多好奇、不安定、吵吵闹闹、自怨自艾,一遇见你的时候,就会被我小心地藏在角落里。

我多么希望你看到我所有的样子都是可爱的。而那些我认为你在意过我的瞬间，我都通通塞进了枕头下面。

说真的，比任何助眠药都管用，让我一夜无梦好睡，醒来都觉得甜。

不是有那么一句话吗？"快乐的时光都会过得非常快"，就好像我和你在一起的时候，总是觉得时间不够用。

你总是爱问我：和我待着不腻吗？我真的真的想告诉你：不腻不腻，而且还不够不够，我想和你一直一直待在一起。因为和你待在一起我就会感觉到很快乐很满足，你什么都不用做，只要让我静静地和你一起，时不时看看你的脸，轻轻地和你牵着手，这样我都会感觉心安快乐。

大家都说，当喜欢一个人的时候，会忍不住在脑海里把你们的一生都过完。

可不是嘛，我已经想过无数次啦。我想象着我们的以后，想象着我们的一日三餐，一年四季，每每想起都会忍不住笑，因为那些以后都会有你。

但我怕那个在你面前的我可能是又蠢又笨的，我会变得手足无措，更别说语言流畅地对你讲那些我为你写过的情话了。我期待你这时候捏捏我的脸，宠溺地对我笑，然后我们俩摇头晃脑地唱着歌回家。

想到这里我满脸通红，你可别说我不害臊呀。

我当然也了解你并不是百分之百的好，你也有改不掉的缺点和偏执。可在我眼里这都是些不足挂齿的小事。因为是你，你的所有不好在我这里都会给模糊掉，比如你爱吃我最讨厌的胡萝卜和香菜，但我连这都可以忍，还有什么可以让我讨厌你呢？

你就像是我崇拜了好久的一个英雄，为夺得你的心，我愿意穿过丛林和火焰山，只为你，在所不惜。

乱七八糟说了一大堆，通通都可以用一句"我最喜欢你"概括掉。

爱你的人，会哄你的脾气

"你这人脾气怎么这样？"

在与其他人交往时，我们都很厌烦听到这句话。泛泛之交还好，如果是由亲密的人说出来，杀伤力真的很大。

说到底，每个人的脾气都不一样，不被接受也属正常。有人享受独处，不爱浅交，被说成是冷漠；有人生性温柔，谅解他人，却被说成软弱。世人万千，每种脾气都可能被过分解读。

但说回来，我也真的理解那些"有脾气的人"。慷慨惯了，有人会觉得你为他们做任何事情都是应该的。很多女生看似任性、敏感，其实不是脾气大，只是自己的一层保护色。

她们害怕付诸真情却被辜负，害怕用尽全力也只能得到遗憾。

有个老朋友跟我说，她脾气不太好，周围的人都评价自己难接触。其实这也与她从小的家庭、环境、经历相关。因为受过伤,所以她选择成为玫瑰,生长出刺保护自己。

"想来想去,还是独自生活比较符合天性,也不会害人害己。"

朋友以前谈了个挺不错的对象,因为她的沉默和敏感,提了分手。朋友说,很多时候她其实不是在赌气,只是想让他抱抱自己。

"后来,也就算了,毕竟这就是我的脾气。"

我问她,那你现在呢。

她回答我,很好啊,我遇到了一个接纳我、真心喜爱我的男人。

《当哈利遇上莎莉》里有这样一段告白:"我爱你会在暖和的天气感冒,我也爱你要用一个小时来点菜。"

多年前看《剪刀手爱德华》,也听闻了最好的感情:"我爱你不是因为你是谁,而是我在你面前可以是谁。"

在喜欢和爱之间,跨越的是一个接纳的过程。喜欢的人看中你的优点,爱你的人却愿意接纳你的缺点。你要相信,总有人可以看到真实可爱的你,他会对你说:"做你自己就好,我喜欢你的脾气。"

在那个人面前，你可以不用小心翼翼地伪装。你可以撒娇，可以胡闹，可以胡作非为无法无天；你也可以懂事，可以温柔，可以善解人意贤淑体贴；反正你就是你，可以有1000种情绪、怪癖、小脾气，忽暗忽明。

总有人会完整地喜欢你。

真的爱你的人，不是看到你身上某个闪光点就靠近你。不会因为哪天这个闪光点消失了，他就会悄无声息地离开。而是他明知你脆弱，只会心疼世界给你的不够，然后加倍对你好。因为彼此都有缺陷，所以需要你；因为和你在一起，自己才完整。

两个人后来的甜蜜，大家也都看到了。正如《爱你，罗茜》里说的那样："你应该找一个爱你全部的人，包括你的缺点。"

《泰坦尼克号》里的杰克，并不让所有人喜欢。他冲大海吐口水、不受世俗约束、宴会上语出惊人……在别人看来他是一个粗鲁、不懂礼仪、脾气糟糕的男孩。但在罗丝眼里，他是她想要的人——浪漫而勇敢、率性又笃定，比那些伪君子强太多。

每个人都是彩虹，遇到懂你的人，就会光芒万丈。

我知道有很多人不敢恋爱，甚至自我怀疑。

"不相信有人会爱上这样的我。"

"不是不想谈，是怕没人喜欢这个脾气的自己。"

我想说的是，继续做你自己吧。愿意留在你身边的人，一定是最真、也对你最好的人。我希望你和这样的人在一起。

"因为被人宠爱，所以自觉无比矜贵。"

等以后，再有人问你"你这人脾气怎么这样"时，你可以头也不回地回答："我就是这样脾气的人，不服憋着。"

恋爱里最温柔的一句话

恋爱里听过最温柔的一句话是什么？是每时每刻的"我想你"，还是超直接的"喜欢你"，或者"我会永远陪在你身边"之类的略带肉麻的表达。

其实，最柔软的，还是那句"好不好呀？"

"我们去吃海底捞，好不好？"

"今天去看电影吧，好不好？"

"我待会儿陪你去吧，好不好？"

就是这么一个简单却又可爱到极点的问句。

说到底，这小小的一个问句，是宠溺、是尊重、是温柔、是谅解。温柔最好了，这应该是爱情里对一个人最高的赞誉。听人说，有的人是被伤害过很多次才变得温柔的，听起来是不是很不可思议？

而事实上也的确如此，见识过最黑暗的夜，才能发出最耀眼的光，那种从容是从心里迸发的力量。

心能平静，才有能力温柔。温柔不是什么轻声细语，也不是软弱不堪。温柔是对这个世界的善意，是对生活的热爱，是敢于接纳自己接纳你的勇气，是坦然面对过往的信心，是基于理解和尊重的包容，是一切热烈温暖的力量。

而被这样的力量细腻地包裹着，我们的世界会出奇地明亮。

在这样的温柔里面，你可以完完全全地做你自己。不必因为约会而精心准备化妆，绞尽脑汁思考穿着是不是得体。你知道，他会爱你，爱你衣着光鲜的体面，也会爱你邋里邋遢的舒适。在这样的温柔里面，你可以有不讲道理的小脾气，可以固执地坚持自己的喜好。

你知道，他会愿意，愿意小心翼翼地询问你的意见，也愿意为你心甘情愿地妥协。

被人这样地爱着，真的太好了。

在他眼里，你可以是长不大的小孩，是家里地位最高的小猫咪，是他的第一位，也是他的唯一一位。

"我们去吃火锅，好不好？"

"给你买的奶茶不加冰,好不好?"

"我们一直在一起吧,好不好?"

你也只用回答:"好呀,好呀,当然没问题了。"

和温柔可爱的人谈恋爱

在微博看到一个话题:"跟温柔的男孩子谈恋爱是什么感觉?"

虽然在评论里结结实实地吃了一把狗粮,却还是被大家每一条甜腻腻的留言融化了呀。

"可能是从此以后过上了衣来伸手饭来张口的生活吧。"

"每次想和他拌嘴,他都眼睛眯眯地看着我笑,然后摸摸我的头。"

"他不是原本就这么柔软,可是他愿意这么对我,这就是喜欢吧。"

在遇见他之前,从未想象过自己会被别人如此温暖地爱着。

大概就像是被夏天的风和冰镇西瓜爱着,被冬天的被窝和暖阳爱着,在你耳边轻轻告诉你,你的生命里除了喧嚣和吵闹的纷杂之外，还有一棵安静和热忱的树是向着阳光生长的。

温柔的男孩子真的很可爱呀。

他说话的声音很轻，对待所有人都很有礼貌，又特别在意你。

他的情绪也来得那么柔软，开心时低头浅浅吻一下你的额头，生气时也只是微微皱起眉头，却又很快舒展，比起自己，他更在乎你的感受。

他总是包容着你那些无理取闹的小脾气，当你像个小孩似的撒娇，他总能在口袋里拿出一包糖果安抚着你焦躁的情绪。

他总是在你忽略的地方异常地谨慎，不仅有冬天寒夜里的外套、生病时的感冒药；还有热乎乎的拥抱，甚至比你自己还清楚你的生理期。

与其说是包容，他更像是将这个世界所有的美好都用来包裹着你，让你更加地热爱生活以及被生活更加真诚地爱着。

温柔的男孩子不会每天把"爱你""想你"挂在嘴边，这种流于表面的形式主义不过是走走过场，意思一下而已。

他有一个温热和湿润的内核，他能激起我们内心的奇妙变化，脱掉那副大人的盔甲，和他们在一起，我们可以永远做我们自己。

《萨冈写给萨特的情书》里说:"这个世界腐败、疯狂、没人性。您却清醒、温柔、一尘不染。"在这种细腻的温柔里,我们总能自由地生长成我们想要的模样。

和温柔的男孩子谈恋爱,我们可以是永远长不大的小孩,像是我们时常在街边看到的爷爷奶奶,爱你一辈子,到最后过马路还要牵着你。

和温柔的男孩子谈恋爱,我们是家里被宠坏的猫咪,有最温暖的怀抱,最细腻的轻抚,最暖的被窝和最热切的目光。

和温柔的男孩子谈恋爱,我们像是被这个世界温暖而坚定地爱着。

温柔的男孩子也让我们成为更好的自己。

看着他温柔的样子,总会不自觉地学习他,用更加柔软的目光去看这个世界,每个平凡琐碎的日常也变成温暖长情的点滴。

不再随意地发自己矫情的小脾气,虽然知道他不会生气,但是内心还是会因为愧疚而惴惴不安,学会更加大方得体。

更加知道该怎么去爱,怎么坚定地爱,总觉得遇见他真好,想陪他到老。

所以能和一个温柔的男孩子谈恋爱,真的是一件很幸运很幸运的事情。

每一个亲爱的你,一定要和温柔的男孩子谈恋爱啊。

或许你还没有遇见，但是你这么可爱，总有一天你会遇到那个把西瓜的第一口给你，海底捞最后一颗鱼丸给你，钥匙给你，家给你，余生全都给你的那个温柔的男孩子。

你要等，他会来的。

恋爱到什么程度可以结婚

"恋爱到什么程度可以结婚?"

被问到过这个问题很多遍,我以前的答案是:彼此欣赏、彼此爱慕,觉得对方不可替代。遇见他之后就心无旁骛,千帆阅尽,坦然携手余生几十年。

不过现在我只会回答两个字:开心。

有部美剧,闺密问女主:"为什么你选择和他结婚?"她说:"当我想到要和他一直一起生活下去的时候,我感觉很开心。"

很多时候,我们之所以觉得结婚可怕,是因为觉得它复杂,要考虑方方面面。但其实归根结底,我们要找的是一个能相伴余生的人。

未来的日子,和他做什么都开心:和他约会,认识他的朋友,拜访他的父母;和他一起逛超市,一起吃晚饭,肩靠肩在镜子前刷牙；给孩子取名字，选幼儿园，去买心仪的家具。

爱是什么？就是在一起会感到幸福，觉得他的一举一动都很亲切。终其一生，我们寻寻觅觅，不过在寻找那个让彼此舒服的人。

遇见那个心动的人，爱和在乎是藏不住的。你只会迫不及待余生早点开始，希望他将一生托付给你。从此以后，笑容比眼泪多。

有个老友，结婚已经8年了。前不久去成都见了他，同行的还有他贤淑可爱的妻子。他对妻子好到令人羡慕的程度，即使是一小段路也会特意去接。他还得意扬扬地跟我说："你知道吗，她可贤惠了，我们经常一起下厨。"

当时我就想象到了那个画面：朋友系着围裙，哼着小歌颠着锅，他妻子就在一旁乖巧地切菜。宠爱一个人大概就是这个模样，连她愿意陪自己下厨，都会感动得一塌糊涂。

生活确实不轻松，充满各种不堪和压力。但和对的人在一起，仍然每时每刻都能在心底笑出声来。

我在婚礼现场见过很多女生落泪，有各种原因。

但我相信，绝大部分人都是因为羡慕，因为心动。和对的人走进婚姻，相扶相守，慢慢变老，经营小日子，大概是漫长人生里最浪漫的事情了。

想象一下未来某天,在一个美好的夜晚,你切草莓,他放音乐。你们窝在沙发里谈笑,聊人生,聊未来,聊很多喜欢的事;或者就那样,说一些简简单单的琐碎日常。

但你知道,你也笃定:他是爱你的,你也是爱他的。能和这样的人在一起很开心,还想开心得更久一些。

等到人生走了一大半,回头看看,可以由衷地觉得这一生值得。

第三封信

有关伤害

感情有时候也像是刮彩票。

有时候会爱到一个非常值得的人。

在那样的感情里，你会爱得很有尊严，分分钟觉得自己无比矜贵。

有时候你会爱到令你非常心累、非常痛苦的人。

你爱得死去活来，撕心裂肺，最后只发现这是一场遗憾、一场空。

他把对你的喜欢，当作一种冲动消费。

还没签收，他已焦头烂额，盘算着怎么无条件退货。

感情里也是会有很多遗憾的。

人是何等的高等，人是何等的下等，反正就那回事。

《被嫌弃的松子的一生》里，松子一直在不断地为他人付出。

她遇到过不爱她，甚至伤害她的人，一生逐爱，被爱狠狠灼伤。

但她最后去用自嘲的方式，和自己和解：
"人生的价值，不在于得到了什么，而在于付出了什么。"

越无法失去一件东西，就赋予了它越多的权力。
直到它凌驾你、践踏你，对你视若无睹。

有人问长辈，喜欢与爱有什么区别？

长辈指了指一个孩子，只见小孩站在花前，不由得伸出手把花摘下来。

长辈说，这就是喜欢。

接着，长辈指了指另一个男孩，只见他满头大汗地在给花浇水。

又担心花被烈日晒着，自己站在花前挡光。

长辈说，这就是爱。

喜欢是为了得到，而爱却是付出。

千万不要感谢那些伤害过你的人。

不是他们的所作所为让你变得完美,而是你自己从地狱里爬了出来。

也不要指望这个世界存在什么报应,我希望你们可以敢爱敢恨,学会及时止损。

我也希望你们能记住一个词,那就是:勇敢。

以前排列次序的时候,我不会那么在意"勇敢"这个词,因为它冰冷强硬,让人联想到兵器的对抗。

到后来才意识到，无论男孩女孩，面对这个世界，都需要表现得更加勇敢。

不至于在对抗时沉默被动，被人性拿捏，被恶魔钳制。

它是丛林里第一个，用火把驱逐夜兽的猿祖；它是冰天雪地里，驯服狼群的因纽特人。

它是哥伦布的线，麦哲伦的船；它是斯巴达的盾牌和长枪。

它是勇气，能够救你的命，让你成为更完整的人。

好好谈心，别冷战了

一直都觉得，两个人在感情里的细碎矛盾和争吵并不可怕。

怕的是矛盾产生时我们深陷在自己的情绪里，面对面时默然无言却又在内心波涛汹涌难以自拔。我们把这种情况叫作"冷战"。

有时候你自顾自地想你只是在给双方一个冷静思考的时间，来好好调整自己的情绪，殊不知你这种决定是自私的，看似无可厚非，但是在感情里，冷着冷着可能就没有以后了。

想起之前关于朋友的一件事，他交往多年的女孩要结婚了，但是新郎并不是他，刚开始时周围的人都有些不能理解，因为他们甚至见过对方家长，到了谈婚论嫁的程度了。

他说，在一个月之前，因为加班，他错过了他们之间的一次约会。

而因为当时工作不顺心，他没有选择跟女友解释，而是直接把手机关机，电话微信都不接不回，买了一张车票，自顾自地去散心了。

等他回来之后，打开手机，看到女孩最后一条微信是十天之前发的，上面说：

"我仔细考虑过了，你现在面对事情什么都不想跟我说，那我怎么才能有跟你走完下半生的勇气和信心？我们还是分手吧，保重。"

这个时候他才如梦初醒，给女孩打电话发微信，甚至发疯似的满世界找她，得到的也仅仅是女孩的一句话：

"我走了，谢谢和你的曾经，不后悔离开，下个月我要订婚了，好好照顾自己。"

冷战到底有多可怕呢，这种看似情绪的调整，其实是自闭式的自我消化以及防备式的不信任。

自闭和防备从来都不是解决问题的方案，当冷战过后，感情重建时甚至沾沾自喜，以为对方已经原谅自己。

可是这种原谅，不是原谅，而是算了。

"算了吧，两个人相爱为什么要浪费时间来冷战呢？"

"算了吧，他以前对我挺好的。"

感情哪里有和好如初这回事，他的不离开，仅仅是因为他还没有失望透顶，仍然选择继续爱你而已。

但是爱从来都是消耗品，没有毫无征兆的大雨，也没有猝然离场的告别，这都是因为你把爱消耗光了。

"冷战"里的你说好听点是作，是矫情，而事实上你只是一个爱情里没有勇气面对问题的逃兵。

成年人必须要有管理自己情绪和与人沟通的能力，可你逃了。

你自顾自地想做一个长不大的小孩，却让身边爱你的人饱受爱情的折磨，这公平吗？

别说爱情从来没有公不公平，那只是幼稚的人的托词，事实上没有人是天生欠你的。

我知道我们这一生的路很长，会遇到很多很多的人，最后陪伴我们走完这漫长人生的只有一个人。

我知道我们会与一个人相扶相守，从青葱到白头。

我知道会遇到很多很多的问题，或大或小，甚至左右我们的人生。

这些我都知道，可是比起"冷战"，我们有更好的解决办法，不是吗？

处理爱情里问题的方式有很多，有人不吐不快，有人在征求对方意见之后选择各自冷静，这都比冷战的方式要妥当很多。

　　所以，在爱情里甜蜜的你，在爱情里苦恼的你，每一个亲爱的你，别让问题愈演愈烈，别让失望积攒在心，去沟通去解决，才是最好的方式。

　　就算遇到无法原谅的事情，无法调和的矛盾，那个尝试过、努力过、从未逃跑过的你，也是超棒的，不是吗？

　　愿你做一个从不曾被谁亏欠，也同样问心无愧的人。

　　这样的你，一定会遇得到最好的，或早或晚。

他只是找了个借口和你分开

我认识一朋友,先叫他K吧。

见他第一次的时候他就在忙着分手,分手对象给他打了很多个电话,到他家楼下挽回,托朋友帮忙,用还衣服的名义,只为了多见他一面。

大概就是这样一个尴尬的境地,K却丝毫没有放在心上,而是和我安心吃饭,并侃侃而谈起了他觉得不错的一个姑娘。

"这段谈了多久啊。"我问他。

他的表情有点满不在乎,像是刚删除了一个陌生人:"三年不到吧。"

三年,真的不短,但是他却可以处理得云淡风轻,可以照样去上班、吃饭、打游戏,并且丝毫不为感情落泪买单,哪怕小女孩那边觉得天都塌了。

"分手就别纠缠啦,对谁都好。"这是K的一贯宗旨。

往后的几年时间里,我也经历过一些感情的分合。但我总是处理不好情绪,甚至是变得偏激、幼稚、可恨。这样的时刻里,我还挺羡慕K的,至少他从来不会为情所困,至少他好像百毒不侵,从不受伤。

尽管作为朋友来看,他有时候看上去有些残忍,把感情视为鸡肋,弃之不可惜。

后来,我见证他换了好几任对象了:可爱的、高挑的、聪慧的,各种。

我每次都感觉他收心好好谈了,他又会在某个日子告诉我:"我对象啊?不是之前那个啦。"

怎么做到的我还挺想知道的,他可以轻而易举就删掉一个相处很久的人。

也可以任凭对方哭得撕心裂肺,然后用各种无法拒绝的理由,就让对方悄然收声,默默离开。

"真的不是我不喜欢你。

"我妈妈不是很赞成我们。

"你做的那件事,换谁都不能接受。"

诸如此类的,种种说辞,当他厌倦了一个人,他总是会有办法,把一段分手变得那么杀人诛心。

第一个就是,无限放大对方的小小错误:

"我明明不能吃辣,你偏偏拉我去吃火锅。"

"你为什么和那个异性打那么久电话。"

"你恋爱前谈过好几个对象对吧。"

为此我问过他,我说:"你不会是学了PUA什么的吧?"

他说,没有过,只是不喜欢了就会这样子。

第二个方法就是,让自己显得不那么好,让对方主动放弃自己。

他说自己大概就是:卖个破绽,发挥失常,在细节里假装很粗糙,然后让那个人不爱你。

"我就是故意约会迟到的。"

"我记得她的生日,但我假装忘了。"

"她想和我聊莎士比亚,我非要扯二人转。"

"我就是想显得和她格格不入啊。"

这就是K这些年来的方式,无数次从感情里脱身而出。可怕的是,却没有一个前任埋怨过他,甚至很多对他爱而不得,牵肠挂肚。

我说这些并不是想让大家用这样的方式对待感情,我也不会主观地对K做过多评价。每个人都有自己的想法,但最好是让大家都心平气和,有尊严,不留疤,好好地结束一段感情。

可以补充的一点是,但凡K确认了恋爱,就不会在感情里和其他人扯不清。手机可以看，聊天置顶，发朋友圈公开，送昂贵精致的礼物，让妈妈知道对象的存在。

就是这样的，很难评价，他也不会在意别人说他是不是渣男。

残忍，但是干净利落。

关于K的感情，有很多不可取的地方，但是有一点，我觉得可以学习。就是下次遇见感情，不要那么用力，使劲燃烧自己了。

你应该平淡地接受它的到来，再平淡地接受它的破裂或者美满。这样你才游刃有余，才不会在对方放手的时候，输得一塌糊涂，任人鱼肉。

你可以酷一点，洒脱一点，别动不动为感情落泪啊。对吧，自己努力赚钱不好吗？

大概就是这样子。

别和隐形男友谈恋爱

你有没有听过一个词,"隐形男友"。

那些经常见不到人,只会在手机上谈谈恋爱的男友,他们不是在打游戏,就是在失联状态。你就像林宥嘉唱的那样:"一个人出去逛,又一个人躺在床。"

我有个朋友球球,和男友一起几个月了,可是每次我碰到她时,她都是一个人。她一个人在超市推着推车,一个人在电影院吃爆米花,甚至上次她搬家,她的男友也没有出现。

感觉她的男友就像个隐形人,只是徒有男友身份,需要他的时候却看不到人。

后来我听其他人说,她男友住的地方其实离球球很近,只是他从来都不愿意花时间陪她。

"没关系的,我可以的。"球球故作坚强地对我们说,"我一个人也挺好的。"

可是大家都明白,球球说的不是真心话。

每个女人心底都希望被宠爱成公主,她哪是坚强啊,完全是在逞强。

在她一个人拖着行李箱搬家的时候,在她独自坐在餐厅吃饭的时候,在她想打一个电话却不敢拨号的时候,她比谁都孤独可怜。

你相信吗,喜欢你的人一定会主动找你。无论你有没有跟他聊天,给他点赞,或者其他方式的暗示。只要他喜欢你,他就一定会主动找你,无一例外。

如果有人频繁跟你说自己很忙,消息不回,电话不接,那他十有八九就是不在乎你了。

毕竟信息那么发达,他要找你,一分钟都不需要,他只需要点开你的头像,给你发一句消息。想你的人自然会来找你,爱你的人会想尽一切办法来到你的身边。

没有陪伴的感情都是虚的,成年人要的是真实可触的伴侣,而不只是口口声声的"我喜欢你"。

我们都不是十二三岁的孩子了,不是一句"我很喜欢你"就听得心怦怦跳,也不会被甜言蜜语和空头支票所迷惑,我们要的是实打实的陪伴。

如果你累的时候,他不愿意给你拥抱。

如果下雨天的时候,他不愿意来接你回家。

如果在你需要他的时候,他总是推托和拒绝。

那你还是放弃等待吧。

他一直在你的世界里缺席,说了再多的空话又有什么意义呢,只会徒增你的难过与失望。其实很多时候选择在一起,要找的并不是一个可以与他快乐一时的人,而是一个愿意牵手走入不同阶段的伴。

在你需要他在你身边的时候,他能够底气十足地对你说:"我在。"毕竟,说"我喜欢你"的人有很多,愿意好好陪伴你一生的人,才是真的难能可贵。

这样的人才值得你用一辈子去爱。

这次我不原谅你了

刚看完一部电影,《原谅他77次》,这个说法出自《圣经》,意思是完全永久地原谅一个人。

男女主角是相恋10年的情侣,因为种种原因走向了分手。女主一直以来有个习惯,就是每对男主失望一次,就会在本子上记录一次。

其实上面写的都是一些日常琐碎争执,比如男主约会迟到,买的沙发长度不合理,见家长的时候不够礼貌等等。

第77次的时候,由于男主的不小心,她怀孕了。

但她还不能接受和这个不成熟的男人结婚,于是一个人默默去医院打掉了孩子。当她晚上躺在床上捂着嘴巴流泪的时候,背靠背的男友却对此浑然不知。

要说失望的次数,10年时间的相处,其中没有记下来的事情肯定是超过77次的。

很多失望就在这些琐碎细节里不断积累，之所以尚未爆发，其实是她憋住劲原谅对方一次又一次。

电影里最后时刻，男主深情告白，在所有人面前向她下跪乞求原谅。女主心软，几乎就快要原谅他了。可到家之后她才发现自己不在的那段时间里，家里有其他女人来过。

这一次，她失望透顶，抽身离去。再多的感情和不舍，都无法挽回。她还是义无反顾地走了。

说实话，我喜欢这个结局。对于那些屡次犯错的人，就是不能原谅他。

凭什么呢？

有人说，所有大张旗鼓的离开其实都是试探，真正的离开是没有告别的。

真正想要离开的人，在一次又一次失望之后，早就已经放弃了争吵，只是在哭完最后一次之后，就悄无声息地消失了。

他以为你还会回来，他以为你离不开他了，他以为每次的对不起都能换来你的没关系。这一次他真的错了。

原谅一个人是因为爱，一忍再忍是因为还抱有希望。

可无论有多深爱，也没有谁的耐心是无止境的。

每一次的失望,他可能没有放在心上,但是你却会铭记于心,哪怕没有说出来。你可能彻夜流泪,白天却能笑着对他说早安。

等到哪一天爆发的时候,你一条一条地告诉他你在什么时刻心碎过失望过,他可能会说你记仇,说你无理取闹,可是你是真的失望,乃至绝望了啊。

那时候无论他有多少缺点,你都想原谅他。

甚至有时候你都想不明白自己,为什么要继续容忍下去。之所以还能喜欢这么多年,经历了那么多的眼泪和伤害还选择原谅,只是完完全全因为爱啊,因为不忍心看着他的世界就这样坍塌了。

可往往被原谅的人,并不会理解你的忍耐与原谅。

感情里最可怕的不是原谅77次,而是你原谅了他77次,他却浑然不觉。

把原谅当成习惯,把原谅看作是理所当然。

失望这件事,有的人忍不到7次的原谅,就转身离开了。也有的人,哪怕被伤害700多次也还执迷不悟。

就像电影的开头那句:到底要心碎几次才会离开?

有很多女孩子忍过了恋爱中的鸡毛蒜皮,忍过了对方不洗碗、没脱袜子就睡,忍过了对方玩游戏那么大声,忍过了对方忘记纪念日，忍过了对方不是一个完美的人。

但是唯一忍受不了的是对方出轨，真的，一次机会都不会给。

所以女主在听说男主约过其他女孩子的时候感到生气，在看到男主玩手机偷笑的时候感到绝望。因为两个人之间失去了信任，这段感情基本就可以判死刑了。

感情里最让人难过的不是77次的伤心，而是你发现自己再也没法相信这个人了。

毕竟原谅是容易的，难的是无法再次信任。

就像是一张纸，揉皱了，就无法再回复原来的平整了。

电影里女主的妈妈对她说过，我不希望你结婚后躲在厨房里哭。

女人的青春是有限的，应该被珍惜。其实一个人生活也可以的。所以女主最后还是离开了。

哪怕男主读了很多遍那个本子，背下了里面的77条，发誓不会再醉驾，不会再买葡萄曲奇，不会再任性辞职，不会再摆臭脸了。

但是这已经太晚了，已经结束了。

已经没有下一次原谅了。

电影里有一个镜头是这样的。

男主问她:"大家都是成年人了,分手能不能说清楚?"

她回答:"正因为大家都是成年人了,有些话才不用说得那么清楚。"

是啊,有些情绪从来都是在悄然滋生的,比如失望,比如绝望。

感情里没有一开始就绝对的死心,分手往往只是爆发点。造成这一切的只是日积月累的失望,最后攒够了,就一次性结束了。

这种感情无论是在什么时候都长久不下去的。一方像个孩子似的拼命犯错,一方再三地忍让妥协。这是不平衡的爱情关系。

也许只有分开才是最好的,毕竟恋爱中的双方总要学会长大。原谅过那么多次,也喜欢过那么多年。大概只有失去,才会教会他学会珍惜吧。

有些人错过了就错过了,这班车没赶上,还会有下一班。

就像是《和莎莫的500天》里说的那样:

夏天终将过去,秋天就会从头开始。

谈恋爱是讲先后顺序的

人的一生,所遇到的每一个人,出场顺序真的很重要,有很多人,如果换一个时间段去认识,就会有不同的结局。

面包是我的大学同学,在毕业以后,他有了不错的工作,短短几年就买了车和房子。

前不久我到了他所在的城市,他特意抽出时间来见我,还带着他可爱的妻子。

他对他妻子好到令人羡慕的程度,即使相隔很远也会特意来接;愿意为她拎包,陪她逛街,就像对待一件瓷器般温柔体贴。给我的感觉就是,像照顾猫咪一样爱她。

看着面包绅士又浪漫的举动,我突然想起大学那会,他谈了个女朋友Yuki。

那时候面包才刚进大学,不会恋爱,不懂如何对女孩子好,恋爱的小技巧都是对方教他的。

Yuki在他身上受了很多委屈，也经历了很多难过的瞬间，两人在一起有三四年，直到临近毕业的时候两人分手了。

这一段感情真的挺可惜的，但也让面包变得更加成熟。他从一个只在乎自己感受的少年，变得善解人意，温柔起来，他通过爱，懂得了如何照顾他人。

有时候我也会想，感情就是这么巧妙的吧。

假如面包在大学的时候，遇见的是他现在的妻子，两人未必就能相处得如此融洽吧。

人生遇到的每个人，出场顺序真的很重要。很多人如果换一个时间认识，就会有不同的结局。

相见恨早的概率，远大于相见恨晚。

所以，有时候我真的希望，对的人还是晚一点再遇见吧。这样等到我们都足够成熟了，就再也不会莫名其妙地分开了。

那时候的我们经历了很多人与很多事，明白自己的心，懂得如何爱人，也做好了付出的准备。

如果时间不对，即使是对的人，也还是会错过的。因为，陪你喝酒的人，是没办法送你回家的呀。

我们在太年轻的时候遇见，除了爱一无所知，所以弄丢了对方。

后来有人请你吃了哈根达斯，有人送了你名牌首饰，有人带你周游世界，有人给了你合法的名分，有人实现了你的所有追求。

可是很多女孩子的爱情，最初是从几块钱的甜品开始的。

那些荒谬的往事，那些疼痛的感情，那些生命里出现过又消失的人，他们影响了你，塑造了你，完善了你。终有一天你会明白，人生遇到的每个人，出场顺序真的很重要。

但这就是青春的价值，这就是恋爱的意义。

一个人熬过了所有的苦

和你在一起之后，感觉和单身那会并没有什么太大的差别。

过去很多时候，我都希望你在。

在我深夜反复刷新手机等你消息的时候，在我一个人拖着行李箱搬家的时候，在我独自坐在餐厅吃饭的时候，在我想要去看电影的时候。

我希望你能出现，能拉着我的手，带我去随便什么地方，只要有你在我身边。可是你不在，你总是说你很忙。有会要开，有班要加，有澡要洗。有太多可以把我甩在一边的事。

后来我也真的一个人去吃过海底捞，对着对面位置上的玩偶熊，忍不住很难过，一边吃着肥牛卷一边稀里哗啦地哭。谁知道酱料里有没有混着我的鼻涕眼泪，总之那顿火锅难吃极了。

我需要你的时候，你永远都不在。明明你是我男朋友，却好像死掉了。

我累的时候，你没有给我拥抱；在下雨天时，你没有为我送伞；生病发烧时，你没有为我煮粥，送我去医院；在我遇见那些麻烦与困难时，你总是说："我有点忙啊，你自己想想办法吧。"

其实我想要的幸福很简单，不是每天都腻在甜蜜里，而是当我需要你时，你就会出现在我身边。

可偏偏你一直缺席，还总是会有很多理由。

有时候你还会觉得是我无理取闹，可等我习惯了自己一个人面对所有的事情的时候，你对于我还有什么意义呢？

后来，你不在的时候多了。哭也哭够了，也不想再麻烦谁了。

电灯泡我自己会换，生病了自己也会去医院，不会怕黑，也不会天天等着人来哄，一切过不去的心情睡一觉就好。

其实我要找的并不是一个可以在一起浪漫一时的人，而是一个愿意牵手走入不同阶段的伴。在我需要你的时候，你能底气十足地对我说："我在。"

可你不在，你做不到。你知道，正因为一直是我一个人，倒没有什么可失去的了。

我一个人熬过了所有的春秋，你就没那么重要了。

所以，再见。

我真的没有精力再失恋一次了

有人说，分手其实是一个极其缓慢的过程。就像在磨一根绳子，纤维一根一根被分开。在某一刻，终于断了。

感情这东西，往往比我们想象中要脆弱得多，无论喜欢的时候两人有多紧密。一句分手，就能瞬间陌生。后来你取消掉了对他的特别关注和聊天置顶，删掉了他的所有照片，还掉了所有收到的礼物。

从此你的生活里再也没有他，他也永远不再是你的。

分手的那段时间，真的是你经历过的最黑暗的时期。

每天夜里以泪洗面，白天还要装作若无其事。你时不时就会想起他，会翻看他有没有加你好友，有没有给你留言。有时候你一晚上梦见他七八次，迷迷糊糊看手机，还以为他给你发消息了。

你开始反思自己当时是不是太冲动了,是不是脾气太大,是不是沟通不对。你开始把分开的责任往自己身上揽,因为你太想他了,你想他回来。

张小娴说:也许有一天,当你长大了,受过太多的伤,失望太多,思虑也多了,你再也不会那么炽烈地爱一个人。

你曾经很相信感情,也都无惧尝试过,很用心地去喜欢那个人。可你花那么多的精力和心思谈了一场恋爱,却没有任何结果。

于是再也没有勇气去追寻,感觉自己以后都不想再谈恋爱。真的连喜欢也提不起劲了,觉得心动实在是太难了。不是怕遇不到更好的人,而是怕再去认识、相信、适应了一个人,最终还是会失去。

重新开始去认识一个人,真的很累。

反正已经一个人熬过了所有的苦难,更不会再对谁满怀期待。

后来你渐渐地也开始了一个人的生活。一个人去上班,一个人去吃饭,一个人出去逛,一个人躺在床。慢慢地你发现,一个人的生活,好像也没有想象中那么糟。

喜欢的东西自己买,电影自己看。厨艺开始有了提高,也不会觉得房间黑有多可怕了。

单身久了,真的会习惯这种生活,毫无拘束的感觉真的很好。不用为了小事和一个人吵架,不用相互猜疑,更不会为了谁去伤心、去赌气、去熬夜。

也不用指望谁会对自己好,只能努力让自己活得尽兴。

你开始相信,你可能会这样孤独到老吧。

其实你也想要谈恋爱啊,只是真的不想再受伤了。不到你觉得可以万无一失出击的时候,你都不会选择开始一段新的恋情。

你觉得自己陷入了两难的局面,偶尔羡慕情侣,偶尔庆幸自由。一方面觉得自己一个人待着有点冷清,另一方面又觉得找个看对眼的人真的是太难了。

如果非有一个人要走入你的世界,你也刚刚好觉得他很不错,那他一定要很真心才行,要和你谈很久很久的那种恋爱。

要么不要开始,要么就好好在一起。

因为你真的真的,没有精力再失恋一次了。

遮遮掩掩算什么谈恋爱

跟一个朋友聊天,她问我,小馆长,为什么他从不和我秀恩爱啊。

这个妹子恋爱已经好几个月了,在交往的这段时间里,她男友从来没有在朋友圈发过两人的照片,甚至,没有流露出一点在恋爱的痕迹。

妹子在微博上晒两人自拍,在朋友圈分享两人甜蜜细节,甚至主动艾特了男友,可对方理都不理,甚至连赞都不点。

她想要主动示爱,昭告所有人,可她每次发了之后,就一直像个傻子一样对着手机发呆。

反反复复刷新好几次,她在等对方的点赞和评论,可是对方没有来。于是她自讨没趣,过两分钟就删除。她很费解,明明自己爱得坦坦荡荡,可男友一直都是一副见不得人的模样,对这段感情畏畏缩缩，不敢声张。

其实我觉得，在一起之后，还是要大大方方地给对方一个交代的。

恩爱这种东西，不是把喜欢的人和自己绑在一起，而是愿意把对方带入自己的生活圈中去。

我身边有对情侣，男孩没有大张旗鼓，但他偶尔也会在朋友圈晒合照。

他把手机屏幕设成了女友的照片，把对方的聊天置顶了。每到一个地方去，都会在当地给对方带一份小礼物。

他说，这是一种恋爱的仪式感，能够让对方明白自己被爱着。

它来源于两人在一起的各种小细节，来源于彼此的喜欢程度。让你不辜负对方，也不敷衍自己。"虽然我们都喊着秀恩爱分得快，但我们心里都清楚在我们身边发生的每一段感情都是值得祝福的。"

其实真正喜欢你的人，并不是要从你身上得到什么。

她只是想要你好好爱她一个人。需要的不多，只是一份牵着她手的勇气；一份拥抱她，告诉所有人你喜欢她的魄力；一份陪伴，一份仪式感。她要的是你坚定而长久的喜欢，而不是犹犹豫豫遮遮掩掩的表达。

"喜欢就公开啊，不然谈什么恋爱！"

爱是如何自然消减的

看到一个词,叫自然消减,大概就是用来形容情侣之间的感情。

两个人要是一直不联系的话,久而久之就会淡下来。有些聊出来的感情,不聊自然就没。从来没有什么毫无缘由的喜欢,也没有不用维系就能一直存在的感情。

好感这种东西就像室内的一盆绿植,人不在家,没被浇水,久而久之,也就干枯而亡了。

这时候都不需要明说了,沟通变成累赘,约会变成负担。分不分手也只是一个形式上的不同了,毕竟那颗喜爱对方的心也已经消亡殆尽了。

我看到很多恋爱中的人们好像都会陷入一种死循环。失望、原谅、失望、原谅、失望、原谅。所以那些你以前很在乎的人,可能在经历了一系列的事情后，就变得没那么重要了。

可能他一声不吭就消失了很久；可能他去了外地之后就越来越冷漠；可能他忘了你的生日，忘了你不能吃辣；可能他跟别人说他一直单身。

可能他真的让你失望很多次了。曾经你告诉你自己每失望一次，你就少做一件爱他的事；每失望一次，他在你心里就后退一个台阶。到后来你原谅也失望了很多次，但你不会忘记每一次心碎的原因。这一次，你说你不再原谅了。

你清空了你们几百页的聊天记录，删掉了你们所有的合照，你提了分手，删掉了他。那些他做过的，他没有做到的，他伤害的，他的好他的坏，都已经变得不那么重要了。

真正的离开是没有告别的，或许只有失去，才能教会他珍惜。

你想，要是一开始的时候，就不对他抱有这么多的期盼，或许现在就没有这么失望了吧。不过已经没关系了，他已经不再重要了。

这一次，真的就这样了。

女生最容易被什么骗

听歌的时候看到一句评论:"不要跟文学素养较高的男的谈恋爱,他们动三分感情就能写出十二分的爱。"

其实我觉得,也不是说什么文学素养,情话能力高低,女孩子真正需要提防的,是那种看起来满到要溢出来,其实却干瘪的爱。

经常看到很多人,说喜欢你,是非常非常喜欢的那种。其实呢,却经常忘掉你的生日,还装作恍然大悟;是不把你的话放在心里,隔几分钟就金鱼般失忆;是把最次的礼物给你,还要说自己是倾尽心血;是明明把你落在身后,却还骗你说把你装在心里。

"女生最容易被什么骗?"

答案很简单:"廉价的感动。"

不花钱的甜言蜜语，不会累的点赞评论，平安夜的苹果，除夕夜的短信……还有什么能让你心头为之一软，其实根本不费劲的感动？

女孩子总是容易喜欢上那个找自己聊天，夸自己好看的人。那时候只会觉得那个人对自己真好，一个电话就把自己给宠上天。可慢慢到了后来才明白，真的很幼稚、没劲。

记得前段时间有人说过一句扎心却精准的话："有人喜欢你，那是因为你很好，你值得被人喜欢。你身上有他喜欢的特质，一种他渴望的热情，一份他想要保护的纯真，一种无法企及的美好。"

试想一下，假如他有一张金城武的脸，或者你长得像石原里美。那么，所有的好意都会很容易理解。如果一个女生总是被廉价的感动所打动，很明显，她只是一个未经世事的小女生。

我想日后我们终将不为那些三分热情所心动。除非对方是十三分的喜欢，否则自己也不会轻易说爱。其实这是一种成熟的恋爱观，挺好的。

潜意识忘了回你的人，一定不爱你

前些时候，跟几个朋友聚在一起聊天。中途小饼一直掏出手机看，显得漫不经心。有人问她，你在看什么？她支支吾吾半天，告诉我们，在等自己喜欢的人回消息。

"我早上出门的时候给他发了四条消息。到现在，六七个小时后过去了，他都没有回我。"小饼的脸上挂满失望，手指也在对方的头像上徘徊来徘徊去，"我是不是应该再给他发条消息？"

我没有吱声，周围几个朋友劝她别发，发了会让自己处于被动。

小饼说也是，可没过一会，她又低着头，在屏幕上按了一排字，删掉了，过一会，还是又发了。

大概一小时之后，她丧了一个下午的表情，突然出现了喜色。

她很激动地跟我们说："他回我了，他回我了！"

我看了一眼，男孩子只是顺着她说的话接了一句，并没有衍生其他话题。讲真，很敷衍了。但这一个小小的答复，却能让一个少女为之欣喜若狂。

其实很多时候，我们都会遇到那种人：明明你鼓起勇气，主动找他聊天，跟他发了很多消息，可是他却总是回复得很慢，还答非所问。更有甚者，根本不回！

问他原因："你昨天好像忘记回复我了。"

回答总是："啊，抱歉，我潜意识里回复了你！真的！"

别整那套了，我不信，我希望你们也别信。所有潜意识里忘记回复你们的人，其实都不喜欢你，也不在乎你。

其实有些事情是很简单的，喜欢你的人，他一定会主动来找你。他可以花时间发呆，玩游戏，陪其他人聊天，为什么偏偏看到你的消息会很忙，会健忘？

你没必要为他的冷漠找一万个理由开脱。

喜不喜欢一个人，或者有没有可能喜欢一个人，聊天记录知道，你也知道。所以，那些不回复你，或者回复得很敷衍的人，还是算了吧。

别拿你的一天情绪去打赌，赌对方会不会给你一个惊喜。

这样不值，知道吗。

对你失望的30个瞬间

1. 我准备了很久和你见面,你却扔下一句很忙。
2. 我委屈的时候想被你安慰,你却嫌烦。
3. 为了你去学做饭结果手烫伤了,你却心疼摔掉的碗。
4. 每一次和你提到未来,你就转移话题。
5. 每次聊天,都是我做结尾。
6. "嗯""哦""随便你"。
7. 你很久没有秒回过我了。
8. 当你又一次跟我说,你看着办吧。
9. 我想你了,你却觉得我没完没了。
10. 做旅行计划的永远都是我。
11. 约你吃饭,你又一次说要加班。
12. 我生日那天,你居然说让我自己选一个礼物。
13. 把我一个人扔在影院。

14. 你最好的哥们，见到我居然问："你是？"

15. 突然觉得我们无话可说。

16. 你搜索"哈哈哈"，聊天记录里最多的女孩子不是我。

17. 让你拒绝跟你暧昧的女孩，你没做到。

18. 我肚子痛了一晚上，你早上才发现。

19. "我要睡觉了。"

20. 淋着雨去找你，却看到你送女同事回家。

21. 朋友圈没有我的照片，一张都没有。

22. 除了游戏就是游戏。

23. 跟你发信息，说我发烧了，等了半天也没回。

24. 无意中看到你规划的未来里好像没有我。

25. 在太阳底下等你时，看到别的男生给对象买冰激凌。

26. 被猫抓伤了，你没空陪我去打针。

27. 你越来越频繁地用"呵呵"回复我。

28. 你把我的期待一个一个击碎。

29. 跟不看好你的朋友说你很好，你却打了我的脸。

30. 跟你提了分手，你秒回我"好的"。

别逼女孩子懂事了

已经越来越怕听到"你要懂事"这句话。

小时候，我想要的东西被拒绝、被剥夺，大人的理由往往是"你乖"。到后来，很多我看着发馋的东西，我也不敢去说去要，因为我要懂事。

"你要懂事"这句话，就成了我控制欲望本能的一句咒语。

其实很多人都是这样，懂得照顾其他人的感受，但在不经意里忘了考虑自己，导致自己过得很累。

刚刚那句话该不该说？对方听了会不会不高兴？对方是不是会对我不满？你总是担心会给别人造成麻烦，会让别人感觉到难堪，却从来不知道，也许别人从来没有为你想过。

懂事，这件事本身就意味着牺牲。一味顺从，到最后你连自己喜欢什么讨厌什么都搞不清楚。那些说你不懂事的人，只是因为你没有按他想要的方向前行。

他要你懂事,只是要你顺他的意愿罢了。

《请回答1988》里说:懂事的孩子,只是不撒娇罢了。只是适应了环境做懂事的孩子,适应了别人错把他当成大人的眼神。

懂事的孩子,也只是孩子而已。大家往往都只看到懂事的人有多好沟通,却从来没有考虑过让他懂事的原因是什么。只是给他施加包袱,绑架他的善良,却总是忘了他一个人的时候有多孤独难过。

我真的替这些懂事的人委屈。

所以,有时候我真的希望你们不要那么懂事。

我宁愿你们自私、冷漠一点,我宁愿你们更洒脱,更不受控制一点。你要敢和不同的声音抗衡,你要知道自己想要什么,你要毫不妥协,不委屈自己。

懂事的人,过得真的太辛苦了。有很多时候你都不必去逞强,你应该说不,你不想。其实很多时候真正过得开心,是在放下了所谓的自尊心之后。

希望下次有人对你说"你真是个好人"的时候,你可以回答:"不,我是个坏人,很坏的人。"

异地恋从100分到0分的样子

朋友发了一条朋友圈：异地恋真的好难啊。

我说，你谈了半年，才知道？

他说，你安慰安慰我，别添油加醋了。

其实身边谈异地恋的人有很多，但真正能走到最后的很少。感情很多时候都是液态的，是流动的，不稳定的。可能在你身边的时候甜腻到不行，但一旦分开，距离感就打磨光了你们的喜欢。

当异地恋有100分喜欢

离开后的第一天，他开始想你，你也难过到不行。他说，咱们每天都要联系着，你有空就过来找我。

其实你很想给他发消息问：你可不可以别走。

但你只能忍住眼泪发过去：放心吧，等我去见你！

往后的日子也是如此。他不在的时候，你都数着秒过日子，期待他的消息。你们之间有数不清的火车票和电话，还有偶尔的见面。尽管不能时刻在对方身边，但是就是很安心。

一想到他呀，你的心就柔软起来。因为盼望着未来，熬过异地恋的那天。

当异地恋有80分喜欢

你们还是会关注着对方城市的天气，告诉他添衣吃饭。你们很努力地让彼此感觉好像还在对方身边。你们心里都住着一个牵挂，可又各自过着单身生活。

不能一起看电影，不能一起吃饭，不能一起逛街。生病、难过的时候，也只能自己抱着自己，看着别人双双对对。

想吻他时，他都不在身边。更糟糕的是，连去他的城市找他都要先预约，就像隔海相望的岛屿。

当异地恋有60分喜欢

慢慢地，你感觉你们之间出了一些问题。可能是联系没那么多了，话题没那么一致了，也可能是感觉错了。

你们还是一样一直联系着，但明显没有以前那么亲密了。视频电话开始越来越少了，彼此都很忙，见面的次数也少了。就像在屏幕里养了个手机宠物，每天夜里只能隔着玻璃说着晚安。

你们不敢吵架，不敢发脾气，因为你们不能哄对方。一万句电话里的我爱你，比不上一句我在楼下等你。一个拥抱能解决的问题，却要说很久很久。

当异地恋有40分喜欢

到后来，你们之间的不理解和矛盾也越来越多。

有好几次隔着屏幕他听到你平静的语气，却看不到你脸颊的泪痕。你已经哭湿了枕头说不出话，他却以为你在闹脾气。你所经历的一切，你的委屈跟迫切，那头的他都不懂。

你总是在想他什么时候来？他什么时候走？为什么需要他的时候他总是不在你身边？你还在担心，是不是你在规划两人的未来，他却在计划着分手。

当异地恋有20分喜欢

其实这段时间你已经做好了分开的准备了。

你已经忘了自己最初喜欢的那种感觉了,真的,控制不住的。要是换作以前,你知道他要来,你会从很远的地方跑着去见他。

但现在,你只是敷衍着说:"哦,好啊。"

你对他说,我会跟其他人走哦,我会不喜欢你的。
他说,你在开玩笑吧哈哈。
你说,嗯啊。
你知道这并不是玩笑。

当异地恋有0分喜欢

说出分手这两个字,很不容易。

但是一切都结束了,两个人都尽力了。过了很长一段时间单身生活,没有人陪,也很委屈。

可能时间和距离真的是很大的凶手吧,又或许,并不是最适合的人。很遗憾,但也无能为力了,异地恋的难过也不想再尝试一遍了。

也会很羡慕那些修成正果的恋人啊。

就觉得，能说出"我们结婚了，是异地恋"这句话，真的一点也不容易。

第四封信

有关前任

在网上搜索"前任",热度最高的几个问题是:
"如何忘掉你的前任?"
"送给前任的一句话?"
"如何让前任后悔?"

答案五花八门,在所有回答中,点赞最高的一条是:
"一别两宽,各生欢喜。"
既然都已经分手了,又何必苦苦折磨自己,纠缠对方。

其实这个世界上,根本不存在什么挽回不了的感情。
所谓的无可挽回,其实是两个人之间谁也不想再继续下去的最后的默契。

我相信,所有的结束,都有着漫长压抑的伏笔。
很多时候,在不在意一个人,细节知道。
被爱的时候,我们都渴望长久。
可到了后来,每个人都在放弃,哪里还有天长地久。

感情往往比我们想象中要脆弱得多，哪怕是外人看来绝配的感情。

无论喜欢的时候两人有多紧密，一句分手，就能瞬间陌生。

真正的放下就是和过去的自己和解，不怨不恨、心怀感恩。

希望有一天，我们都可以说出那句话："我变得更好，是因为你，但不是为了你。"

也希望有一天，我们真的能够释怀，坦然地向过去说再见。

让爱情结束得体面点，也不枉彼此曾经的付出和遇见。

无论喜欢的时候两人有多紧密，一句分手，就能瞬间陌生。

从此你的生活里再也没有他，他也永远不再是你的。

不过我觉得，能以这样一种和谐的方式告别，其实也挺好的，至少谁也不会难看。

离开就是离开，分手就是分手，对错没有意义。

不再合适的两人与其耗尽对方养分，一同枯萎，不如坦然聚散，各自相安。

分手也并不是一件很可怕的事，在一起的过程里两个人都变成了更好的人。

他学会了成熟与爱你，你学会了温柔，时光让彼此都变得更加优秀、柔软。

真正爱过大概就是这样。

哪怕最后没能在一起，但是对方能够幸福，那也足够了。

那些爱过的人，他在你内心最柔软的地方生活过，也熟睡过。

即使两人走散了不在身边，也能够在久别重逢时体面问好，相视一笑。

希望在没有我的日子里，你也能过得很好，然后成为一个更好的人。

也愿你能珍惜眼前人，有生之年，不负彼此；有生之年，别再错过。

恋爱的四个阶段

第一阶段：Like someone（喜欢某人）

在最开始的时候，喜欢一个人是心动。

关于那个人，你有过很多假设和想象，但直到遇见了他，一切都豁然开朗。就像在万千人海里一眼望见对方，周边的人立马就像被打上了马赛克。

你注视着他的眼睛，小鹿也开始乱跳。

你的心里开始被他充满，你一天天沦陷，花很多时间发呆，每时每刻都在等他回复你的消息，你开始纠结自己今天穿得好不好看，自己完不完美。你觉得自己要完了，真的栽在他手里了。

你逐渐理解朝思暮想这个词，因为你是真的喜欢他。

第二阶段：Like to close to someone（想要接近某人）

当喜欢一个人发酵到第二阶段的时候，你开始由脑袋里的混乱蔓延到身体上本能的冲动。

你开始回忆他身上淡淡的好闻味道，甚至你在路上偶尔遇见一个人，你也会知道他们用的是同一种洗发水。

你会看着他的喉结发呆，满脑子都是怎么离他更近一步。光是听到他说话的声音，就会想要牵他的手，想亲吻他。

他就像你眼前的巧克力冰激凌，你恨不得一口吃掉。

第三阶段：Like the last one（喜欢上一任）

就像莫文蔚《阴天》里唱的那样——"开始总是分分钟都妙不可言，谁都以为热情它永不会减"。

感情比你们想象中褪去的时间要快得多。曾经亲密的两个人，谈论过很多次未来，可最终还是走向了陌路。

一番争执之后，架也吵了，也失望了。两个人分道扬镳，再不回头。

拉黑，取关，删掉聊天记录。

以前互道晚安的日子再也不见，从此人生没有他。

第四阶段：Like to be alone（喜欢自己一个人）

度过了一段最黑暗的日子之后，好像生活又回归了平静。

说不上来哪里有太大变化，只是觉得心脏的某一块地方，就这样突然地坏死了。

慢慢就觉得单身也挺好的，Single is simple, double is trouble（一个人简单，两个人烦恼）。

不会再想去恋爱，看见恋人也不会很羡慕，天气冷了也不会想要一双温暖的手。

其实不是自己真的太过坚强，只是真的不想再受伤了，自己已经死过一次了，再也不想重新体会那种失望的感觉了。一个人一样可以把日子过得很好，即使是孤独到老也无所谓吧。

至于爱情这种东西，它真的还会降临在自己身上吗？

真的有点不敢相信。

也许，四个阶段过后，就会这样一直孤单下去吧。

也或许，它还会重新循环一遍。

谁知道呢？

男生爱一个人的递减公式

1.刚喜欢你的时候,他喜欢你是100分

一段感情的开始,往往是最好的。那时候他满心欢喜地搭讪你,找你聊天。对他而言,你就是一个尚未解开的谜。

他每天和你说早安晚安,和你分享很多自己生活中的事情,从起床洗漱聊到一日三餐。聊爱好,聊人生,聊说不完的废话。

他时不时问你有没有空,巴不得天天约你出去看电影、逛街,他愿意花时间和你待上一整天。

你们两个人也从生疏变得越来越了解,你也逐渐习惯他的存在。

2. 你接受他的时候，他喜欢你是80分

慢慢你发现你已经沦陷了，这个算不上特别优秀的男孩，在你眼里居然一天比一天讨人喜欢。你甚至会觉得，他再按捺着不向你表白的话，你都要等不及主动出击了。

你们最终还是在一起了，牵手、拥抱。

你已经非常喜欢他了，也开始期待着甜蜜的日子能够长久。可他好像有点变化了，尽管不是很明显，但是你能感觉到。

自从在一起之后，他跟你聊天没有像刚开始那样秒回了，对约好出去玩的日子也没那么期待了。

你在他的眼里读出了一点不一样的东西，可那时候你还是安慰自己，感情平淡最好。

3. 他开始不满足的时候，他喜欢你是60分

你从来就没说过自己有多完美，是多么好看或者身材如何迷人。一开始喜欢上你是他做的决定，到后来，他却开始不满足了。

他嫌弃你化妆太慢，声音不好听，或者头发太乱。总之过去那个把你视为女神捧在天上的男生，现在正一点一点觉得你不够

好。过去你都看不上他，现在他却开始不满足。

这真的有够讽刺的。

4.他总说忙的时候，他喜欢你是40分

慢慢地，两个人约会的次数好像越来越少了，仪式感也没有之前那么强了。你从来没有想过他会如此冷漠，一点不在意你的感受。

他不会费尽心思逗你开心，也不会给你准备惊喜的小礼物了。甚至你说一起去看电影的时候，他的表情里流露出了不情愿。

刚开始的时候是你不想搭理他，他还拼命找话题，现在好像颠倒了过来——你没有他的游戏重要，也没有他的工作重要，甚至他愿意花时间睡觉，也不愿意多陪你一会儿。

他开始频繁缺席你的世界，不接你电话，也不点开你的语音。他有会要开，有班要加，有澡要洗，有太多可以把你甩在一边的事。

明明他是你男朋友，却好像死掉了。你需要他的时候，他永远都不在。

因为他喜欢你只有40分了，稍不留神，他就把你放弃掉了。

5.他对你视若无睹的时候,喜欢你是20分

忍了很多天后,你还是跟他摊牌了,你觉得这太不公平了。一直以来你的方程都是递增的,你越来越依赖他。可他的方程却是递减的,对你越来越冷淡。

当初追你的人明明是他,凭什么最后却像是你追的他。明明是他先撩你,最后却是你舍不得。所以你最后跟他吵了一架,你把你想说的都说了。他也没有任何逃避,只是在听完之后默默把你拉黑了。这时候他心里已经不喜欢你了,仅存的是一些对过往甜蜜的好感。

喜欢你这件事,只剩20分。

6.他把你当成陌生存在的时候,喜欢你是0分

很长一段时间过后,你们刚好在某个聚会上碰见了。你十分尴尬,想要回避他,可他却大大方方地跟你聊天。从他的眼神里你可以看到,他对你已经没有一丁点儿喜欢了。

他只是把你当作一个可有可无的陌生存在,可以礼貌地聊上几句罢了。

这时候你才明白,一个男生狠起心来,真的是够绝情的。他可以在一瞬间把过往的所有美好都抹杀掉,然后像一个没事人似的

走开。

他已经不喜欢你了,是真的,彻彻底底地归零了。

所以经常有人说:在爱情里,千万不要爱得太满。不要以为你喜欢他是满分,他也会喜欢你满分。太爱一个人,他会习惯你对他的好,而忘了自己也应该付出。

也许深情从来都是被辜负,只有薄情才会被反复思念。有些人出现在你的世界里,喜欢你从一百分到零分,给你一场空欢喜。

现在回想起来,还是算了。那个人要是不能一直爱下去,干脆别出现了吧。

不如各过各的,好自为之。

分手后的30个瞬间

1. 真的好喜欢你,但还是决定戒掉想你。
2. 这一别,就当不曾在彼此的世界出现过。
3. 不想放任自己这么卑微地喜欢一个人了。
4. 红着眼眶,失眠到天亮。
5. 不是想放弃你,是想放过我自己。
6. 朋友圈都不想发了,也不知道给谁看了。
7. 删掉的是你,删不掉的是回忆。
8. 大脑特别清醒,比任何时刻都确定和你结束了。
9. 删掉了存着的你的照片,再没有以后了。
10. 我在等你加我,可是再没等到。
11. 脑袋空空荡荡,耳边嗡嗡作响。
12. 我以前是真的想跟你有以后的。
13. 把你删掉的是我,最后心痛的也是我。

14. 九十九步是爱情，最后一步是尊严。

15. 四个字：爱而不得。

16. 嗯，我认输。

17. 一瞬间如释重负，一回头心如刀绞。

18. 前一秒想到删你的理由，后一秒又想到了加你的借口。

19. 我现在后悔可以吗？我现在道歉还来得及吗？

20. 你拔过牙吗？

21. 那个人真的有那么优秀吗？

22. 我删你的时候，是不是很酷？

23. 始于喜欢，终于太喜欢。

24. 好像不知道接下来应该继续做什么。

25. 明明删你只要一秒钟，这个过程却花了好多天。

26. 小舟从此逝，江海寄余生。

27. 不知道以后还会不会再心动。

28. 你是南墙吧，让我撞得这么难过。

29. 不怪你，只是不能再折磨自己了。

30. 就这样吧，你别再加我了。

失望是一点一点叠加的

我一直都觉得，世上最美妙的感觉，莫过于失而复得和虚惊一场。

就像是出门找了很久的东西，回到家竟然发现它安然地躺在床上，或者是在衣橱里翻出一件去年的衣服，意外的是，口袋里竟然有当时留着的零钱。

这种感觉真的会让人欣喜若狂。

往往我们没有带着期待的东西，到最后能带给我们最大的惊喜。

那些我们投入很多时间与精力的东西，却最后让我们感到遗憾。

马德在《允许自己虚度时光》里写道："我慢慢明白了我为

什么不快乐，因为我总是期待一个结果。"

看一部电影希望会有收获，去一次健身就想体重下降，谈一场恋爱就想牵手到老。得到的越多，想要的就越多，失去的也会越多。

我有个朋友，和男友在一起好几个月了，她跟我说："我真的失望够了。"

她之前真的想过很多关于未来的事情，她甚至连孩子的名字都想过，但是现在对方让她越来越难以琢磨了。

她总是迁就对方，生气的时候不说出来，因为她还对这场感情抱有期待，她希望能走到最后，有一个好的结局。

可到后来，她发现自己还是错了。前几天晚上天气很糟糕，两人本来约好一起去看电影的，可对方却到散场都还没来。

打个电话过去，对面却传来："等我打完，我晚点再来。"

我这个朋友终于忍不了了，然后她终于把一大堆的委屈说出来，两个人越聊越烦，然后就分手了。

大家都在说，等失望攒够了就离开，可真正舍得放弃一个在乎的人，得对他有多失望啊。

很多时候分手，男生都认为太突然了，毫无征兆就被对方放弃了。但其实女生能感知到大多数感情里的瞬间，大多数情绪都反复揣摩过。

其实她什么都知道，你对她的好与不好，你的敷衍和关心，爱与心疼，她都看在眼里放在心里。

有时候在对方看来莫名其妙的矛盾和想法，可能已经在一些深夜里折磨过她无数次。

从来没有什么放弃是一瞬间的，其实是一层一层叠加起来的。

男女的思维真的很不一样，女孩子并不会什么事情都跟男孩子说。可能是嫌弃对方没有收拾的袜子和碗筷，可能是介意他的小气，可能会埋怨他的敷衍。

但是女孩子不说出来，只是默默潜藏在心底，因为喜欢，所以迁就。

但男生千万不要恃宠而骄，不要以为自己会被一直爱下去。那些不走心的回复，那些冷漠的回答，那些打游戏而忽略对方心情的夜晚。

这些女孩都感应得到，是真的，超强的第六感。

如果你不爱她，她比你更先知道。

所以，别把任何人当傻子。

更用心爱她吧，别让她用失去教会你什么才是珍惜。

否则一切都会太晚。

你可不可以珍惜我啊

那天和朋友乘巴士，在郊外的公路上，车里正放着的是：当赤道留住雪花，眼泪融掉细沙，你肯珍惜我吗？

暴雨是突然来袭的，半边天都灰蒙蒙，阴霾笼罩。手机在那时候突然进来一条短信。是他发来的。他说，现在想想，我对你真的蛮差的。

我锁上手机，胸腔里压抑着许多起伏的情绪，像车窗外的骤雨一样暗涌，无处安置。

我别过脸，一下子泪如雨下，我想他其实比我更知道他是怎样的人，他早就知道他骨子里到底有多凉薄冷漠。

可是这段关系里，只要他不提，我就永远没有资格难过。

我以前是一个什么都不奢求的人，我以前还不会对他有那么多的期待，我跟在他身后看他对着我笑笑就觉得足够。

我记得那时候他和我在学校的食堂吃饭，他坐在我的对面，把我嘴边的饭粒拿下来放到嘴里吃掉。他敲敲我的头，说以后不要去染发了，你扎个马尾就很好看。

说完他送了我一个带着小樱桃的扎头绳儿，简简单单，大概几块钱就能买到。

以至于后来的小半年里，我时常用他送我的扎头绳儿绑一个简单的马尾。直到它断了，颜色也褪了……这些细枝末节我现在回忆起来，心里依旧有种温热的感觉在身体里涌动。

那是我最接近爱情的时候，是他对我表露最大爱意的时候。

我有时候再看看过去和他的种种，爱得卑微活脱脱像个小丑，是不是我没见过更好的爱情，所以就算他给的微不足道，就算他的爱不过如此，我还是感恩戴德呢？

我从不开口要什么，承诺不要，情话不要，除了他，我从未为了谁这么委屈自己。

可是结果呢？

我这么珍惜他，却还是没能换来天长地久，我和他最后分开，是在一个很平常的晚上，他用短信表明了诉求，很清晰，很干脆。他说，他以前是真的觉得能和我走得长久，到现在也是真的走不下去。

我看着短信无措了很久，也彷徨了很久，以一个"嗯"字结束了我们的关系。我想起电影里那些分手后捶胸顿足的人，他们借酒消愁，甚至号啕大哭，但我做不到。

那天晚上，我看着天花板小声叹气，我看着我那么喜欢的一个人，就这样和我撇清关系，就这样从我的微信列表销声匿迹，突然意识到，原来我和他的关系，竟然脆弱到这种地步。

我们相爱的时候没有多少痕迹，分开时也一样没有声息，不过我还是太孬了。

我偷偷留下他的联系方式，留下那串烂于心的号码，留着一个已经破灭的念想，对这段感情始终不清不楚做不到最后的决绝。

我对他有多执着呢？我对他，怕是不能用同样多的感情对待第二个人了。我后来遇到和他眉眼相似的人，音色语气都很像他，就连生气时都有八分的神似，唯独有一点不像。

昨天我和那个人告别，那个人挽留了我很久，对我的热情和那时我对他一样，而他那时什么也没做。

他从不主动说出想念我的话，舍不得我的话，叫我感动的话。他什么也不说，坦坦荡荡从从容容，好像我不去爱他，自有别人爱他。他不像我爱他那般忐忑不安，他大概早就知道我爱惨了他吧，所以从不害怕。

我现在仍旧很想念他,很想念。所以絮絮叨叨回忆起他,还是有那么多凄凉的话。我不说给他听,永远也不会说给他听。但我还是要期待,期待有朝一日他尝遍了爱情的苦果,在一个黎明之前的午夜,他想起有一个人,也曾这样为他肝肠寸断过。

那天在大巴上,从雨落到雨停再到雨落,整整三个小时的车程,车里一直循环着那首《当这地球没有花》:

"当赤道留住雪花,眼泪融掉细沙,你肯珍惜我吗?"

我在某一个时刻又重新打开了他发来的短信,眼泪已经干了,许多情绪已经不是言语可以形容。

事实上,乞力马扎罗山邻近肯尼亚,坐落于南纬3°,距离赤道仅三百多千米,主峰上终年白雪皑皑——赤道是能留住雪花的啊。

可他不肯珍惜我,我有什么办法。

别到了分开才后悔

朋友失恋了,3天瘦了11斤,从南到北飞了过去,还是没有结果。

我发消息对他说,你何必呢?

此时的他在女孩所在的城市,他听说女孩病了,却不知道对方在哪里治疗。

他一家医院一家医院,一层楼一层楼找,找到的时候女孩不在。他一边收拾她的床铺一直哭:"过去都是她给我收拾的,现在我才知道,自己叠得那么糟糕。"

人是从什么时候开始长大的呢?大概就是突然明白,纸揉碎了就恢复不了原状,人离开了就再也回不来的时候。在感情火热,你喜欢她她喜欢你的时候,你们根本没想过,一切会结束。

可是当两个人的关系走到了某个节点,突然戛然而止了。

你会后悔，你会遗憾，你会不知所措。有太多的话与爱在心口难开，有太多的拥抱想给，有太多以前想去做的事还没开始。

但是，已经结束了啊。

所以我觉得，无论是一段感情也好，其他的关系也好，趁彼此还喜欢，还能听懂，也愿意倾听对方心里话的时候，好好地聊一聊吧。喜欢与思念之类的，一股脑地告诉他。

等到彼此关系破裂了，就再也没有那么相谈甚欢的氛围与热情对视的场景。

你别不信。

从来就没有什么坚不可摧，爱情不过是心甘情愿的你修我补。

珍惜这个词，听起来不怎么高大上，小孩子都明白。但是理解起来，却要穷其一生，遭遇各种难过与煎熬。

所以，拜托。

别去想那最后一张船票，也别去想什么时候才是那班末班车。你爱他的话，就好好珍惜好好拥抱，花更多的时间去说对不起、谢谢、我想你、爱你、你呢？

你不主动，我不主动

经常有人问我："他是不是真的喜欢我？"

其实这个答案并不难得出，问题是你自己想不想知道。通常你问我这个的时候，心里多半已经有底了。

一般来说，爱不爱一个人，有两个东西不会撒谎。一个是眼睛，一个是聊天记录。

如果那个人跟你在一起的时候，有意无意地躲闪着你的目光；如果那个人频频把天聊死，不接你的梗，或者对你说完洗澡、吃饭就消失到了外太空。

那么毫无疑问，他已经不喜欢你了。

真正喜欢一个人的时候，聊天记录里满满都是"哈哈哈哈"，早安、晚安没有一天落下。你发个消息过去他秒回，两个人也不用拼命想什么话题，你们可以从路边的一只猫，聊到下个月要上映的电影。

而不喜欢你的时候，他是不会主动找你聊天的。即使你主动，他也会有很多借口结束聊天。过不了多久，他就会不回复了。

我曾经看过一个男性朋友的手机，他对待自己不喜欢的女孩子都很冷漠。聊天记录从上拉到下，对方的示好都要溢出屏幕了，他在这边只是淡淡地回了一个"好吧"。

我真的很心疼那些女孩子，她们一次又一次，满满期待地找喜欢的人聊天，却被对方高冷的防线撞得鼻青脸肿。就像是精心准备的一个礼物，却发现寄错了地址。

当你热情满满地找他说话，打开聊天窗口才发现，每一次的聊天做结尾的人都是你。你为他准备了很多有趣的话题，你每发一段话都会斟酌再三，得到的却是对方"哈哈嗯嗯"的回答，或是一个无关紧要的表情包。甚至在说完晚安之后，你还在朋友圈里看到他给别人点赞。

这也正应了那句话：你我本无缘，全靠我死撑。

并不是你哪里不够好或是做错了什么，只是他不喜欢你。但这一条，就足以抵消你所做的一切努力。

当你翻出跟他的聊天记录，你发现很多时候都是你在自说自话，他总是很敷衍地回复你。

那你不需要问我他喜不喜欢你，答案已经明显了。

因为两个人之间，从来就没有毫无缘由的主动，也不存在没有理由的冷落。

很多关系都是这样：

我主动，你不主动。你不主动，我也不主动。然后，就没有然后了。

再见了,我喜欢的人

日剧《四重奏》里的一个片段:
丈夫假装去便利店,然后再也没有回到那个家。妻子一心等着他,两年过去了,像具躯壳一样活着。她保留着家里的布置,甚至连丈夫离开时的袜子都原封不动放在门边。仿佛一切都没有改变,那个男人回来一切照旧。

我见过好多好多人分手后也是这样:
"看我的手机壳,分手两年了,我还没换。"
"我搬家了,还是想念那间破破的漏水的房子。"
"还是老习惯啊,去那家店那个座位,只是吃火锅的人变成了一个。"

"冲浪"时看到种说法,一个人突然切断和你的所有交流,结束你们的关系，这种行为通常被称为 ghosting，即"像鬼一样人间蒸发"。

比如你的大学室友，毕业后居然退了宿舍群拉黑了你。

比如和你暧昧的异性，突然就不搭理你了，可能是钓到了他要的鱼。

比如很多你根本记不起名字的人，离开了你。

或者你有时候想清空一下自己的社交圈，你根本没留意，就删掉了很在意你、偷偷喜欢你的人。对他而言，你也是跟鬼一样人间蒸发了。

其实啊，没必要去问了。一个人喜欢你，一定会来找你。同理，他离开你，总有他的理由。

别苦苦强求啦。

你看啊，每个人都有情感需求，都需要爱人和被爱。微信几百个好友，总归是需要聊天倾诉的吧。他没找你，肯定去找了别人。

你和某人关系的降温，说明他和另一个人的关系在快速升温。说这段话的时候我都有点难过，但就是这样的啊，他没找你，他总要找别人恋爱吧。

总之，不是你。

其他的情况我都可以理解，但是感情里的失踪，我是真的生气。既然都要分开了，能不能好好说清楚。

不要默不作声删了好友，连一句再见都没有。

因为那个被删除的人，可能待在原地一直等下去，会很久很久都走不出去。

看了一个日剧的片段，男主可以看到每个人身上的数字，那是他们还能见面的次数。他曾经目睹着自己的奶奶和妈妈身上写着"1"这个数字后，她们在出门前对他微笑、挥手，然后再也没有回来。

宇宙那么大，其实能在这个星球上遇到对方就已经弥足珍贵了。你如果真的要离开，请好好告别。

我不知道你们有没有遇到过那种来不及拥抱的分开。前几天新闻里有个男人自杀，从高楼坠下，砸中了和丈夫散步的妻子。

丈夫好几天号啕，夜不能寐，守在事发的地点："我和她就差3步，我一闭眼就是那个瞬间。"

他目睹着喜欢的人突然消失，活着也好苦。

今年四月底，我的狗狗被车撞倒。我撕心裂肺地抱着它去找出租车，它就那样呆呆看着我，目光涣散，拼了命想靠着我，发出了我没听过的痛苦嚎叫。

我看着它在手术台被抢救、吸氧、心肺复苏、慢慢心脏停止跳动，我整个人傻了似的站着。

一个小时前，它还活生生地跳过来舔我的脸蛋。

这个世界太变化无常，珍惜好你身边那些所有重要的。如果真的有一天要消失要离开了，那就好好拥抱一下，把想说的话说了吧。

那就这样吧，我们谁都不要联系谁

我承认我输了，有时别人一说起"你还记得那个人吗"，我的第一反应就是你。

尽管我知道我对你有过念念不忘的时候，但以后再也不会了。删了你之后，你也别再加我好友，别再发短信给我了。

不是我不知道怎么面对你才好，而是我真的一点也不想再面对你了。

你说过，要不然做个普通朋友也行。我的答案是不行，没有必要的。我现在不想见你，不想听到你，也再也不想爱你了。我们最好老死不相往来，谁也不要回头。

尽管过去我们深爱过，也相互伤害过。不过对我而言，那都是很久以前的事情了，用不了多少天，我就可以都忘光了。

你可能不知道刚分手那段时间我是怎么熬过来的吧。

像梦魇一样，什么事情都不想做，每晚睡不着，闭上眼睛都是你。很想知道你的消息，想看到你在做什么，今天去了哪里，有没有好好吃饭。

那段时间我真的很想联系你。但是我忍住了，也逐渐习惯了一个人的生活。我用了很多盒的抽纸，看了很多的电影，也把歌单循环了一遍又一遍。

还好，最后我还是放下了。终于，你对我来说不再特别，你不再是那个让我难过的人了，你在我心里已经死掉了。

所以我把你删掉了，任你成为一个陌生人。

这段感情的结束，已经无从讨论谁对谁错了。

我们之所以分开，只是因为我们注定是不合适的。无论其中的原因是什么，责任在谁，现在都不重要，都没有关系了。

你也不用说对不起，我也懒得回答没关系。

我现在很好。

没有你的日子里，我不再熬夜等你消息，也不会胡思乱想了。没有你陪我逛街，我也不会闹情绪了，我自己与自己相处得很好。关于我未来的那些美好预想，什么都没有改变。

只是我身边的那个人，不会是你了。

我从来就不相信什么破镜重圆，也不会失去了谁就活不下去。我看得很开，有些东西失去了就失去了。与其小心翼翼，不如碎得彻底。不能够在一起的人，终究还是不会在一起的。

所以，不如我们算了吧。过去无论是谁辜负了谁，都已经是过去了。

既然已经选择了告别，那就这样吧。

我们之间也不需要什么重新来过，毕竟你不是我的黎耀辉，我也不是你的何宝荣。

从此就不谈亏欠了。我们好聚好散，不爱不恨，不见不念。

你走吧。

我也不回头。

最终还是把他删了

昨晚我在后台看到一条留言:"我终于和他分手了。"我看了看头像,想起了这个女生,她在上周向我倾诉了她的过往。

她说,我觉得他不爱我了。

过去他真的很热情,现在却对我爱理不理。我和他吵了一架,晚上一个人在街上,很害怕,也真的很想他来找我。但是他没有,甚至没有一点不放心,没有给我电话,相反"王者峡谷"一直在线。

所以这一次她真的无法忍受了。

有些感情注定了只有好聚,没有好散。相爱可能需要几年,但删掉对方只要几秒,虽然伤口会流血,但至少它能顺利结疤。

"删了他,我只是害怕自己再找他聊天。"那个姑娘这样对我说,"我不想再卑微下去了。"

然后我祝了她好运,一定会遇到更好的。

你有没有删过这样一个人——那个人曾经没日没夜陪你聊天,每次你找他的时候,他的头像都显示着"对方正在输入"。

你们总是聊到深夜,说了晚安也不舍得。那时候你真的很开心,你觉得你们会这样一辈子相处下去。

但后来时间久了,你找他聊天,你是秒回,他是轮回。你只好在等他回复的时候,一遍遍看过往的几百页聊天记录。

你这时候才后知后觉,原来大多数人的离开,都是悄无声息的。他想要分手,但他不会告诉你,他只会用冷漠消磨你的耐心与热情。他一点一点地消失在你的世界里,就像你喜欢上他那样。

你先是取消了他的聊天置顶,然后取消了微博的特别关注。

再换掉特别的备注,包括来电提醒,你一步一步给他机会,因为你舍不得,你以为他也对你舍不得。

到头来,你发现自己还是想多了。他在没有你的日子里过得一样开心,甚至像你从来没有存在过一样。

所以,你最后还是把那个和你有几百页聊天记录的人删掉了。

我觉得这样很好啊,情感里最怕的,便是一拖再拖。

删了他,就是放过了你自己。

真正爱过的人，不能做朋友

见了一个老朋友，聊了很多。我突然想起些往事，于是问她："说起来，你还记得那个人吗？"

"干吗提起他？"她很紧张地打断我。

其实我要说的那个人，并不是她想到的那个，她有点反应过度了。

但看着她尴尬又好笑的表情，我也就没继续说下去。

或许每个人心里都有这样一个人，一想起他的时候，就会感到一阵刺痛。

他曾经和你紧密相关，在你生命中留下过深深印记，当别人刚要开口的时候你就知道别人说的是他。

因为那个人，在过去某个时间，与你是连为一体的。

当然对方现在可能已经彻底告别你的生活了，他在某个你不知道的城市，与某个你不熟悉的人在一起。

你在大部分时间里都告诉自己忘掉了他，毕竟你连那个十分熟悉的电话号码也背不出了，可是你却终究会被生活中不经意出现的细节打败。

你在街边听到一首熟悉的歌，你在商城闻到你熟悉的味道。

你想起那部你们一起看过的电影，你记得那条你们牵手走过的马路。

你会在很多情景里不由自主地想起，原来，他藏在自己心里那么深的位置。

你曾经跟他怎么说话都不嫌多，你们有几百页翻不完的聊天记录，里面可以搜索出好多句的"晚安"。

直到有一天，这个人突然从你的生活里消失，抽离得干干净净，只给你留下一段心酸往事。

明明他还在这个世上的某个地方，但你没有任何立场，你再也不会遇见他，拥抱他。

因为他永远不再是你的了。

很多感情都是这样的，从一开始的怦然心动，互发消息，电话不停，见面不够，到后面的一别两宽，各自欢喜。

这一切浪漫又美好，却又无疾而终，从互撩开始，到互删结束。

于是你开始懂得这个道理：喜不喜欢、合不合适、能不能在一起，这是三件不同的事。

而且更残忍的是，很多事情和人都是强求不来的，有时候你喜欢的未必适合你。

所以再喜欢也不要回头了，你要接受这个世界上这些突如其来的失去。

唯一能做的，就是努力让自己过得好一点。

其实人与人之间，根本就没有谁真正离不开谁，只有谁不珍惜谁。

既然已经错过，就不必纠缠。别指望谁会一直陪在你的身边，你要允许那些人错过你。

其实分手之后真的是没有什么放不下的，无非就是几个难熬的夜晚和几首听了会流泪的歌。

一开始我们很多人都想着，就这样在一起，一直到永远吧。

后来，就想着算了，就这样吧。

尽管以前我特别特别爱你，但是那毕竟加了一个很残忍的前提，那些都是以前了，而不是现在。所以这都没什么好遗憾的。

你失去了我，那么你再也不会遇见第二个我了。

你走了真好，再也不用担心你会走了。

我很酷，别联系了

折腾了半天，刷了微博，看了朋友圈，周末就这样过去。没有去找谁约会，打开微信，看着那么多个头像也不知道和谁聊天。

下意识地想给你发条消息，一个表情也好，一句毫无逻辑的问候也行。编辑好之后，却迟疑了很久，因为我们已经很多天没有聊天了。

上次互道晚安之后，我们都没有再找过对方。并不是我不想找你，而是我感觉在你心里我好像不重要。有时候在夜里很想你，想找你说话，想了想还是算了吧，反正没说几句你就要睡了。

更让我赌气的是，说完晚安之后，我可能在微博里看到你点赞了某个人，或者是又在朋友圈里分享了一首歌。

可能你也像我一样在想着一个人吧,只是那个人不是我罢了。其实我也没那么贪心,很多时候我要的只是简单的关心与在意。消息也不用秒回,按时回复我就可以了。这并不难啊,也不会占用你太多时间。

况且真正喜欢的话,无论再忙,也会为我有空吧。

我知道爱一个人是很明显的事情,如果你喜欢我,你就会主动找我的。可事实是我不找你,你就再也没有找过我。互不主动,互不联系,成了我们最后的默契。

如果真的喜欢一个人,肯定会忍不住了解对方的一切、关注对方的一切,也会从被动联系转为主动联系,而不会聊几句就不耐烦,想要尽快结束话题。

爱会不断生长,也会渐渐消磨,当爱的生长速度低于被消磨的速度,爱就会慢慢死亡。

我很想你,所以想和你说话,但我不想让你感觉到我很在意你,所以我不愿意主动找你。

我怕你知道我很喜欢你,就会有恃无恐地消费我的感情。不过我已经下定决心了,我不想每天等着你的消息,然后一次又一次地失望了。

我们都不要主动了,你也别找我了。

我很酷,就这样。

她是如何离开我的

在青岛的一家音乐酒吧里,韩西盯着电视里的球赛,嘴里却聊起了其他的东西。

好几年前我和他还有芊,经常没事就来这家酒吧聊天。三个来自不同城市、刚毕业的年轻人厮混得像是刚下班的中年人,一边喝酒一边对全世界发着牢骚。

和芊分手后,韩西也离开了青岛,去到北方的一个小城市里,不发朋友圈好几年,头像暗淡,好像生活被剥夺掉了色彩。

在他离开青岛的最后时刻,他来我家做客,也是向我道别。

我做了满满一桌子好饭好菜,少不了的还有很多原浆啤酒。

一开始,他丝毫没提到芊,假装不在意,很体面地讨论着离开,然后几瓶啤酒下肚,到了后半场,他泪流满面,支支吾吾开了口:"她会后悔的,不是吗?"

关于这段感情，我是一路看过来的。他们谈了六七年了，鲜有吵架，不像其他情侣分分合合，但最后那天，两人却撕破了脸面，对着最爱的人咆哮怒吼、摔门。一个闷声抽烟，一个收拾行李，这段感情算是一拍两散。

事已至此，我只能安慰韩西："是，她会后悔的。"

凌晨过后，我开始收拾瓶瓶罐罐，韩西喝醉了，睡得特别死。第二天他毫不留恋地离开了这座城市。

分手后他好像没事人一样，该吃吃，该玩玩，家里给他介绍的那几个相亲对象，他也一个没落下，兴致勃勃地去赴约。

"单身的感觉真好。"

"芊是谁啊？我不认识。"

"身材不好，脾气又大。"

韩西很像回到了当年的状态，变回了那个不羁又放荡的浪子。我觉得这样也好，一场无疾而终的恋爱，至少无人受伤，不用收拾战场。

半年之后，听别人说，芊结婚了，和她的高中同学，一个普普通通的男人。

韩西呢，像没事人一样，嘻嘻哈哈晒了条朋友圈，和女生在电影院牵手。女生的身材很好，人看着也温柔，他没有配什么文案，但我却觉得他说了千言万语。

再后来，又是春夏秋冬过去，韩西和芊的故事逐渐淡出了我的人生，直到一天韩西发消息给我："嘿，我要结婚了，你会来吧？"

我给他回了个电话："恭喜啊，你小子。"

他在那头嘿嘿直笑。

婚礼办得挺隆重。会场充满了浪漫的气息，小孩跑来跑去，抢着喜糖红包，三姑六婆一个劲地夸新娘子好看。婚礼进行到中间，司仪带着标准的职业化微笑，对着台下的亲朋喊："要不要让他们亲一个！"

台下那些人跟着一起起哄，韩西当着全场亲友的面，大声说"我爱你"，那个女人回应道"我也爱你"。

再后来，我和韩西的联系也少了，只是从其他朋友的口中听说他过得不错，工作蒸蒸日上，家庭和睦，还生了一个可爱的女儿。

故事到这里也算圆满落幕了。几年时间，大家都拥有了好的人生，曾经的恩怨情仇喜怒哀乐，翻篇了，挺好。

几年过后，有天我在开车，突然接到韩西一通久别的电话，他说："老弟，忙吗？刚好到青岛出差，喝一个？"

那天晚上，韩西的情绪很高，手舞足蹈地给我展示他妻子女儿的照片，妻子眉眼温柔地坐在沙发上，孩子戴着小公主帽，神态可爱地在弹钢琴。

"很好啊。"我笑了笑，确实是很可爱的妻女。

韩西突然沉默了很久，熄灭了烟。然后用很小的声音问我：

"我现在过得还不错，对吧？"

"和我结婚，成为我的家人，不糟糕吧？"

"我竭尽所能地给她们最好的生活。"

我突然不知道韩西想表达什么，只能木讷地用点头回应，然后目睹着他喝了一杯又一杯。

"你说芊会后悔吗？"

韩西突然抬起头，问我。

"那不重要了。"我说。

"对，对，都不重要了。"

那是在秋末一天的凌晨两点，球迷大声喊叫，比他更像喝醉的人。韩西趴在酒吧睡着了，在与芊分开的第八个年头。

我们再也别相互亏欠了

之前一直跟我秀恩爱的小严,分手了。

总能在周围的情侣朋友身上听到很多的抱怨,大多数是些鸡毛蒜皮的小事情,最后却愈演愈烈,甚至到了分手的地步。

有同事因为加班到深夜,而男友没有来接自己而大发脾气。

有朋友因为自己的另一半忘了某个纪念日而耿耿于怀,最后大吵一架。

还有抱怨男友打游戏,周末没有约会的,家庭工作不顺心向男友抱怨,而男友摆事实与自己讲上一堆大道理的。

我向很多男性朋友求证过他们的想法,得到的结论出奇地一致,都是女生作、矫情、无理取闹。

在他们看来:

"大城市深夜也灯火通明,又不是什么乡下,小区治安也好,为什么非要接啊？打个车不行吗？"

"就是忘了一个日子而已，事后道歉认错不就是了，至于耿耿于怀吗？"

"平时上班工作这么累，周末就想躺着打游戏，不想出去逛，有错吗？"

"你们女生就是不讲道理。"

而到最后两个人闹到要分手，男生通常都是摸不着头脑的，甚至还责怪女生幼稚、不成熟，因为这种小事情分手，至于吗？

其实他们不知道的是，这点滴的小事情或许鸡毛蒜皮，但是对女生而言，事情的表面没那么重要，事情的本质才是她们更在乎的。

要你来接，不是因为自己害怕，只是想确定你在乎她。

记得所有的纪念日，不是因为它有多么特殊，是因为这是你们的回忆，如果你这都记不住，某一天是不是也会忘记她。

想跟你约会，不是想出去逛街，是因为你的存在会赋予约会独特的意义。

谁都听过很多的大道理，比起这些道理，她们更想你轻轻抱抱她，告诉她，你在呢。

张爱玲写了封信给胡兰成，信上说："我已经不喜欢你了，你早已经不喜欢我了。这次的决心,是我经过一年半长时间考虑的。你不要来寻我,即或是写信来,我亦是不看的。"

或许到最后胡兰成也不会明白为什么张爱玲会在一个毫不特别的日子,没有任何先兆地向自己告别。我们这个浮夸的年代听过很多的鸡汤,例如:"其实所有猝然的离开都是蓄谋已久的决定。"

这句话没有错,但是也不是全对。它告诉了你过程,却没有告诉你原因。

想起朋友的一个故事,他有一天对我说,他女朋友因为昨天晚上没吃到蛋糕哭了。

我当时在想也不是生日,而且谁会因为没吃到蛋糕哭啊。

他说,昨天晚上他女朋友想吃蛋糕,但是太远了,他不想去买,然后他女朋友看他回来手里没有蛋糕,就哭了。

事后他问他女朋友,为什么哭,他女朋友说,是因为没吃到蛋糕。

不久以后,他分手了,后来他告诉我,现在他才明白,他女朋友骗了他,根本不是因为没吃到蛋糕,而是觉得他不在乎她。

可是太晚了,她身边已经有在乎她的人了。

《后来》里有一句我们熟知的歌词:"后来,我总算学会了如何去爱,可惜你早已远去消失在人海。"

  我们在汹涌的人海里遇见一个人是很困难的事情,可失去他却只是一瞬间的事情,留下的遗憾在余生里翻滚不息,这都是因为我们的亏欠。

  所以比起被爱,其实我们更应该学会怎么去爱。
  希望我们从不亏欠于人,也从不被人亏欠。

亲密关系是如何结束的

每个人一定都经历过这样的爱情：为了一句话，翻遍对方几百条朋友圈动态；手机不离身，为了等一条秒回消息；因为约会紧张整夜，对着镜子吹毛求疵；见面时总有说不完的话，刚分开就觉得已经许久未见。

"恋爱，最甜的地方在哪里？"
心动的那一刻。但心动无法保鲜，总会有高光褪去的时候。
"那恋爱，最苦的地方在哪里？"
对面前这个人，产生犹豫的那个瞬间。每段冷却终结的关系，都有过一段满怀憧憬的开始。每次犹豫不决的背后，都藏着一个爱着的人。

那些亲密无间，到底是从什么时候开始变质的？

《怦然心动》里，有个情节：布莱斯为了吸引朱丽的目光，在镜子前精心打扮。想呈现一个最完美的自己，却又不想被对方发觉自己的刻意。那神情和动作，像极了每个刚坠入爱河的人。既怕暴露了自己的小缺点，破坏了在对方心目中的印象。又暗地里较着劲，不想被对方发现自己的小心思。

心动最大的魅力是：你能从另一个人的身上，发现很多新鲜、奇特的点。他可能会有一些跟你完全不同的习惯、喜好；又或者，有着一些让你欣赏、羡慕的小细节。

公司一个姑娘，有段时间一反常态。人精致了不少，穿衣服的风格也跟从前大相径庭。有几次茶歇路过她身旁，发现她看起了松浦弥太郎。直到有天在餐厅碰到她跟男朋友一起，两个人一起趴在橱窗边，探讨要吃点什么。

我才知道，原来她恋爱了。

后来再闲聊起近况，她告诉我：开始就知道对方优秀，居然还有过一段时间自卑。后来自己也开始注意细节，想在不匹配的方面先做出改变。

暗暗琢磨着，这样就可以减少后期不必要的摩擦。"毕竟是真的想好好在一起嘛。"

她说这句话时的眼神，让我想起看过的一个综艺节目：相恋

7年的美惠和川崎，跟熟悉的朋友互相吐槽对方。两个人曾有无数次试图把对方改变成自己的理想型，却都以失败告终。

美惠说刚认识川崎的时候，觉得他是个爱干净的男人。但是相处久了却发现，他有时候袜子扔在盆里很多天，非要攒到一起洗。

川崎也抱怨，刚认识美惠时她温柔极了。后来不知道为什么，总会为了一些小事就冲他发脾气。但提起第一次见面，两个人的眼睛不约而同都亮了。

"他那个时候帮我提东西，人精神得很。"

"她在人群可显眼了，我一眼就看到了。"

……

每对恋爱超过100天的情侣，都会面对同一个问题："好感跟光环褪去，你是否还能接受面前这个不加修饰的人？"他可能有很多不够体面的缺点，睡觉呼噜震天响，偶尔磨牙说梦话。会在压抑的时候，向你吐露自己的负面情绪。

不再完美，不再特别，不再满足憧憬和期待。

甚至时间久一些，你还会发现，不论是处事方式还是生活习惯，都有着很多不同。

他喜欢睡硬床，你更喜欢软毯。他喜欢吃甜的，你却喜欢吃咸的。他喜欢有话直说，你更希望面前这个人，不用你开口就能懂。

而这些差异，也让你们的相处产生了源源不断的矛盾：

"你为什么不够懂我，不能体谅我？"

"你为什么一定要计较这些？"

我的一个朋友，结婚6年，前些天两个人闹着要离婚。周末约好看电影，他去了公司楼下等她。出于舒服随便套了一件T恤，怕堵车高峰也没开车。

结果电影看得郁郁寡欢，去了从前最喜欢的餐馆，整顿饭吃下来却索然无味。

最后，两个人大吵一架。

妻子觉得他不够重视，也没体谅自己已经累了一天还要挤地铁。他也委屈自己原本出于好意的安排被浪费了。

朋友来找我的时候，向我吐槽了妻子的很多缺点。我递给了他一张纸，让他试着写下对妻子不满的地方，纸写了大半张，他忽然停下了。

我看着他沮丧的模样，问了他两个问题："看电影、吃饭，你原本期待她是什么反应？"

"肯定是满心欢喜，有说有笑。"

"那你到底是介意她这些缺点，还是因为这次约会产生的不满情绪呢？"

朋友当即愣住了，顿了顿告诉我："其实她平日里，也挺好的……"

爱一个人是什么模样?

就是明知道对方有很多缺点,每次都被气到牙根痒,跟亲近的人抱怨吐槽,明明有好多次想要离开了,但最后还是陪着对方走了很远的路。

我曾经采访过 4 对年近半百的夫妻,向他们讨教婚姻持久的秘诀。

得到的都是同一句有趣的回答,睁一只眼闭一只眼。

有时候过于关注计较一些事,反而会更快失去理智判断的能力。

很多人在感情受挫的时候,第一个念头总是想放手。但我更希望在决定前,你可以冷静下来想一次:"面前这个人,究竟是哪一点不再吸引你了。"

每个人都幻想过,一次就遇到同频的那个他,但我更希望你懂得:每段舒服的感情,都是在漫长的磨合、经营中成长起来的。

这世间最好的爱,是不期待、不束缚。

第五封信

有关治愈

人类都是在找趋近理解自己感受的人。

因为感同身受很难,当你面目可怖,有人啼笑皆非。

常有人说,成年后的世界容不得你矫情。

人类的悲喜并不相通,每个人都活出了一支队伍。

当然也别对其他人太抱以希望,都不是一条脐带相连的,凭什么高估人性不会辜负你。

在某个瞬间听到了一句称赞,就有些鼻酸。

不小心磕到了桌角,突然就委屈了起来。

加班到凌晨从公司里走出来,感觉有些孤单。

睡不着的夜晚抱着手机,总希望屏幕能突然亮起。

成年之前,心中的欢喜总是说不出口,心中的讨厌倒是肆无忌惮。

成年之后,喜欢倒是变得直言不讳,但心事全都埋在了心底。

累痛不说,安静承受,成了常选的消化方式。

当街灯亮起，这个世界四处都藏满了因为生活跟情绪悄悄抗争的人。

搬家找不到人帮忙，舍不得请搬家公司，只能自己一趟趟来回跑。

工作的委屈，看遍了手机也不知道该跟谁倾诉。

忘了设闹钟，第二天只能迟到，因为没人可以喊你起床。

想吃一家新开的餐厅，却不知道该约谁。

加班太晚，不敢自己打车，只能拖着疲惫的身子去坐地铁。

拿着住院通知单，医生让填紧急联系人时，竟无从下笔。

《请回答1988》里老人去世后，兄弟姐妹几个人坐在一起。

白天他们说说笑笑，好像完全没有一点悲伤。

等到喝了几杯酒，说了一句心里话之后，才抱作一团号啕大哭。

有个孩子问爸爸："为什么小孩子不能喝酒呀？"

爸爸苦笑着说："因为小孩子不喝酒也很快乐呀。"

小时候总渴望长大，总以为长大生活就容易了。
真正长大了，才发现成年人的世界里没有容易两个字。

《千与千寻》是我重复看过很多遍的电影。
在过桥的时候，千寻不小心呼吸了，暴露了自己的位置。
小白只是温柔地安慰她："没关系，千寻已经很努力了。"
可能你不知道这世上，很多人只要一些小小的肯定，就会瞬间落泪。
一句简单的安慰，就能击中内心的软肋。

其实千寻的身上，有我们很多人的影子。
面对陌生的环境不会哭，从楼梯上摔下来不会哭。
遇到不好惹的客人不会哭，被汤婆婆恐吓不会哭。

却在小白给她吃下特制的饭团时，边吃边大颗大颗地掉眼泪。

"你一定受了不少苦，吃吧。"

很多时候真正让人心软的，是那些世间温柔。
是那些温柔和善意，填补了我们内心缺失的一部分。
温柔是一种特别的内在力量，能驱散不安的情绪，能复苏枯萎的爱。

没有人是可以自始至终无坚不摧的。
接受情绪，接受成长，也接受所有的无能为力。
偶尔放弃逞强，承认自己没那么厉害。
放过自己，成就自己，也遇见自己。

不要太快喜欢一个人

微博上看到一个话题:"为什么现在谈段长久的恋爱越来越难?"

实际上我觉得,不是谈恋爱难了,是有些人越来越不认真了。

见过一面有些许好感就当作一见钟情,聊过几次天就确定相互喜欢,约过一次会就可以在一起。

可是,这些爱情开始得草率,收场也往往猝不及防。

身边的朋友小米就谈过一次这样的恋爱。

她通过朋友聚会认识一个男生,刚接触的时候觉得对方是个挺不错的人,之后开始聊天,聊工作聊生活,聊过往的经历,每天都几乎聊到凌晨才结束。

在认识的第五天,一起吃了晚饭;认识的第七天,一起看了一场电影。

这场电影过后，对方告白了，小米最开始有些迟疑，但是在想过之后，还是接受了。

刚在一起时，两个人甜蜜的样子也跟所有情侣一样，每时每刻都有说不完的话，一有空就腻歪在一起。

在一起的第二个礼拜，度过了两个人在一起的第一个"520"，并约好未来要一起过无数个这样的纪念日。

那个时候，小米是真的以为他们会一直在一起。

可是渐渐地，小米发现这段感情有些变味了，发出去的信息开始要很久才得到回复，约会的时间变短，次数变少。

问起原因，收到的也是"工作太忙""手机没电"这样的搪塞。

于是在一起的第四个礼拜，两个人发生了在一起之后的第一次争吵。

争吵过后，两个人陷入冷战。

就这样僵持了一段时间后，小米忍不住问起身边的朋友，对方最近怎么样，有没有提到过她。

朋友却告诉小米，早在几天之前，他就跟别人说，你们已经分手了。

这段感情结束之后，小米说这一个月的时间，她也曾经被恋爱的甜蜜感和幸福感所包围，但是现在清醒过来才发现，这没有任何意义，甚至不值得回忆。

这样的感情就像是一次醉酒，喝得热烈痛快，醉得朦胧美好，酒醒的时候才会觉得头痛欲裂，浑身疲惫，落得一地狼藉。

酒醉的后遗症就是，可能未来的一段时间里，我们都不敢再喝酒了，而这样的恋爱也会让我们不敢再恋爱了。

那些十倍速亲近你的人，都会在某个时刻，十倍速离开你。爱情来得太快，留下的往往全是碎片。

说真的，我还是希望，要谈就谈很久的恋爱吧。

网上有个女生说："我是一个慢热的人，但总是觉得在这个速食时代，人们喜欢一个人喜欢一件事，都像在赶时间一样。我们慌张匆忙，我们心性不定，而我想等一个可以花时间熬汤的人。"

不要太快喜欢一个人，等到足够了解，才去放心地牵起他的手。

无论是什么关系，都慢一点开始。

慢一点，花更多的时间，去了解彼此的爱好和不喜欢的东西。

慢一点，花更多的精力，去包容彼此三观不同的地方。

慢一点，花更多的心思，去完善自己，努力与身边的人灵魂契合。

一个人也没关系啊

刚看到一篇文章,说的是一个人的生活是怎样的,下面的留言里,很多人的经历都很让人心酸。

有的刚刚失恋,在空荡荡的房间里哭到失声。

有的到外地工作,生病了一个人在手术台上颤抖流泪。

还有的人,只是单纯地,很久没有好好和人谈过心了。

一个人的时候,说不上特别孤独,但是也会突然就有些难过。

可能会想找个人聊聊天,或者打个短短的电话也好。但是翻遍了微信几百个好友,却找不到一个能陪自己熬过深夜的人。

索性就不找谁了,一个人躲在被子里睡一觉。

前段时间我接到过一个电话,来自一个很久没联系的朋友。

她说，我感觉自己很孤单，在一个陌生的城市里，四周没有熟悉的人。

我安慰她，没事的，现在信息那么发达，要找哪个朋友都只是一条消息的事。

电话挂掉之后，我回味了一下这句话。讲真，连我自己都不信。

有人说，真正黑暗的日子不光是以泪洗面的，最绝望的人，是连哭都哭不出来的。

感觉自己失去了全世界，变得一无所有，每天都带着怀疑浑浑噩噩地醒过来。

每个人都会有苦闷、情绪泛滥的时候。当倾诉欲逐渐强烈，我们往往会找个人聊聊天，也可能会发条朋友圈解解闷。但是到最后你会发现，无论你找了谁，又倾诉了多久，总是谈不出个所以然。

罗曼·罗兰说过：有些事情是不能告诉别人的，有些事情是不必告诉别人的，有些事情是根本没有办法告诉别人的，而且有些事情是，即使告诉了别人，你也会马上后悔的。

因为在这个世界上，从来就没有感同身受这回事。我们每个人都只能是自己的主角，在其他人的世界里我们要甘当配角。

人类的悲欢并不相通，无论是谁都无法真正懂得你最直观的感受。每个人每天都有自己的事情要忙，我们没必要把个人的情绪强加在其他人身上。

太过希望别人区别对待自己，往往只会自讨没趣。可能你一厢情愿地向他倾诉，那个人却并不是很想听。

不是每个人都愿意消化你的负能量，也不是每个人都愿意听你的焦灼不安。没多少人真正关心你的生活，无论你过得精彩还是无趣。更多的人只是把你的故事当作乏味生活中的调剂品而已。

况且，很多时候你只是简单地想分享自己的心情，可到了别人那里就变味了。他们不会告诉你他们的真实想法，只是应和着你，你又如何能猜到他们心里是如何评价你的呢？

只有真正爱你的人，才会对你的处境关心，只有你妈会在乎你吃完夜宵有没有早点回家，委屈过后有没有好好睡觉。

人生路上，我们都是孤独的行者，如人饮水冷暖自知。

所以有些话，有些情绪，我们还是只留给我们自己吧。

网上有段话是这样说的：成长就是你哪怕难过得快死掉了，但你第二天还是照常去忙这忙那，根本没有人知道你发生了什么。

毕竟，真正能陪我们走到最后的人永远只有自己。

真的是这样，一个人其实也没那么糟糕。

等到若干年后回想起这一切的时候，你会发现这段难熬的日子让你变得更好，就像诗人普希金说过的那样：一切都是瞬间，一切都会过去。

爱情里真正舒适的相处模式

之前有一个朋友告诉我，他恋爱了，两人是真的相互喜欢，但是对方对他的依赖程度让他有时很累。他花了自己绝大部分时间陪伴对方，女孩知道他的密码，也能随便翻他相册，但是对方依然想要24小时掌握他的行踪，只要超过3分钟没有回对方信息，几个电话就会打过来。

他说这样的恋爱真的是极累的，就像赤身裸体站在透明的橱窗里。

我认为爱情里真正舒适的相处模式，需要更多的信任与自由，两个人之间保留一小段距离，既不完全腻在一起难舍难分，也不会渐行渐远。

能让彼此在爱里适度保持一个人的状态和生活，两人都有自己的喜好与追求，相互欣赏，却不加以干预，既不强行进入对方世界，也不会奢求另一半对自己全然理解。同时两人最好能保持经济独立，能够自主支配金钱，去做自己喜欢的事，这样双方地位的天平就不会过度倾斜，彼此都能享受快乐。

这真的是很重要的一点，能让两人保持相对自由和尊重，没有看低，也没有过度依赖和取悦。除此之外，作为成年人，在恋爱中一定要学会自己跟自己玩，千万不要让对方彻底占据你的生活。

也不要把你的一切都典当给爱情，很多人都容易深陷于感情之中，相互捆绑，把爱视为全部，一开始狂热且浪漫，到了后来却极不稳固。因为真正合适的感情是柔软的，细水长流，历久弥新。

你要知道，没有谁是注定需要伴侣的。感情只是人生中的一件小事，世上多的是美好的事情，我们最好能从爱情里生挪出时间，来讨好自己，满足自己对世界的好奇。

希望你能好好理解这一段话，找到理解并尊重你的人，开始一段舒服的感情。那个人不会是你的全部，却能丰满填充你的世界。你可以放心他走遍山川湖海，最终回归你的浪漫、厨房与爱。

这样的感情，就像两人坐在温暖和煦的阳光下，他听他喜欢的歌，你看你喜欢的书，抬头便能望见对方的可爱眼神。

多好。

遇见对的人再结婚吧

看了个视频,对高圆圆的一句话印象很深:自己结婚,是遇到了对的人。

她从来没想过自己会33岁这年结婚,但遇到了合适的人就是那么突然:"30岁可能真的不是一个该着急的时候吧,我觉得40岁也都不一定着急。"

其实别说30岁了,我身边二十多岁单身的一天天都要愁死了。

你有没有发现,这几年,身边单身的朋友越来越少了。恋爱的恋爱,订婚的订婚,还有的正在暧昧的路上。

有时候也会想,好想找个人恋爱啊,找个自己喜欢又喜欢自己的,谈一场能够结婚的恋爱。每天和喜欢的人一起上下班多好啊,想起来都觉得甜蜜。

可是属于自己的那个人,到底什么时候才会来。他是不是迷路了,有时候恨不得贴个寻人启事,要不然等得好急啊。

或者你以前也是一个人上下班,一个人买菜做饭洗碗,一个人边吃零食边看电视。觉得一个人生活才自在,一个人住也不会觉得孤单,一个人打扫房子也不累。

可现在不一样了,夜晚开始变得漫长了,连做梦都有他的影子。

可能以前总觉得爸妈唠叨,现在你也开始着急了。一个人久了,你也有点想恋爱了吧。不是随便找个人约会那种,而是可以喜欢很久。

前一段感情虽然过去了,可是还有些记忆挥之不去,于是两种情绪不停地撕扯。你希望那个人早点来,也说不上是什么,或者是某种拯救吧。所以你每天都期待,每天都有比前一天更多的期待。

朋友圈也有人抱怨对象,恋爱的时候百依百顺,在一起后就整天都忙着工作。但你看着别人的生活,也会有点羡慕了,这些牢骚让你听出了点甜来。

你也想找个这样的人,每天不管多晚都会回来。你甚至想为一个人做很多事情，比如早上准备好热豆浆，晚上跟他一起遛狗。你突然开始享受等待的时光，你觉得在期盼的那个人到来之前，你要让自己配得上才好。

你想要变得更优秀了，喜欢变着花样做几个菜，开始考虑办张健身卡。你开始换画风了，你想要更迷人一点，也更加努力地工作了。你开始把工资都存起来，一个人的生活开始变得充实起来。

有人说过一句话：不恋爱不会死，但爱了，就会活过来。
你开始不那么着急了，不需要那么快把自己交付出去。你依旧很想爱一个人，但你也变得更爱自己了。你喜欢吃自己做的菜，喜欢在阳台上种几盆花，喜欢养一只可爱的猫咪。
你还是在慢慢地期待，那个让你一眼就爱一辈子的人。所以什么时候恋爱，无所谓，总会有的。
对吧？

你真的了解我吗

朋友说她再也不想谈恋爱了,也不想和很多人交往太深,她宁愿做个冷冰冰的孤独症患者。

说不上缘由,就是莫名地害怕,害怕熟悉到一半突然被遗弃,害怕付出了所有却收到一句拜拜。

我想现在很多人都是这样,不想再有那么多突然就会消失的朋友,也不想再聊那么多可以一键清空的天。

最早的时候你好像不是这样的,过去你喜欢把自己是个怎样的人写在脸上,对每个新认识的人都很好奇。

后来慢慢地,也就不想了,开始计较起付出和回报是不是成正比。考虑在意那个人值不值得,为他做那么多事情到底有没有意义。好消息是你懂得爱自己,坏消息是你很难再去爱别人。

现在的你觉得，和一个人交往的时候，宁愿让他觉得自己没那么优秀，从缺点里慢慢发现一两个优点，也不想从一开始就是完美人设，然后慢慢让他觉得自己全是缺点，这个过程真的太累了。

说起来，你也从来没说过自己有多好，偏有人接近你，然后又离开你。临走前还不忘说你这人怎么这么难相处，怎么脾气这么大，怎么老喜欢无理取闹。很多时候很多瞬间，你都想要问：你真的了解我吗，真的喜欢我吗？

如果一开始他就做好了要离开的准备，那就不该来爱你。不要因为心动，不要因为好感，不要因为想试试，不要因为单纯觉得你很不错。更不要在不能确定要给你未来的时候，就到你身边待那么久。

因为你承受不起那个人突然的离开。

如果能重新回到见他第一面的时候，你巴不得把你的所有告诉他——你的喜好、脾性，还有情绪周期表。然后问他，考虑好了吗，要不要跟自己这种家伙做朋友。

要是他没有点头，那这一切都不会发生。

那就去他的世界吧

以前看了一部英剧叫《去他妈的世界》。

男主詹姆斯很丧很丧,而且脑海里经常会闪过不好的念头。以前他有杀过一些小动物,并且把它们很仔细地做成了标本。

其实他一直都想尝试着杀掉一个大点的目标,比如那个靠近他的叛逆少女艾丽莎。

"嘿,我见过你玩滑板。滑得挺烂的。"
"滚蛋。"
这是两人的第一次对话,充满黑色幽默。

艾丽莎从家里逃了出来,而詹姆斯则给了父亲一拳,抢走了他的车。

他们没有目的地,想的只是逃离这个无趣的小镇。

艾丽莎觉得自己遇上了对的人，尽管对方看起来很冷淡，连亲吻都没丝毫回应。

可詹姆斯却在想另一件事，他觉得自己是个残酷无情的家伙，他随身携带的小刀，就是为了艾丽莎准备的。

可后来，很多天过去。

当汽车撞上路边的树，当坏人企图欺负不懂反抗的詹姆斯，当舞蹈响起，艾丽莎沉醉地舞动身姿，詹姆斯的心，似乎开始变得柔软。

他说，原则上我不跳舞，但是却很难对艾丽莎说不。

艾丽莎说，你真的没那么内向了，知道吗，还挺性感的。

原来他没有自己想象中的那么无趣，也没有那么残忍。

一直以来，他都不是个变态的少年，他只是一个缺少爱与照顾的孩子。

在那个音乐弥漫的夜晚，他在门口摘了一束花，想要让艾丽莎开心。

可对方还没来得及看到，他又不得已拿出了手里的小刀，因为他要用它来保护自己喜欢的姑娘。

他们或许都还不够成熟，但他们却足够勇敢。

他们在离开彼此后，都明白了对方对自己的意义。然后，再无顾虑地一起牵着手，在海边漫无目的地逃亡着。

他们换了很多住处，也换了几身衣服，但在这个过程里，他们却逐渐读懂了对方。

可成长还是需要代价的，当喜欢一个人发现得太晚。

沙滩很长，身后穿过子弹。

艾丽莎或许会想起自己躺在树下的日子，那一刻自己自由纯真，像一只狗。

而詹姆斯也可能会遗憾，这一天，很巧，刚好是自己的18岁生日。

可能骂着世界的他们最终还是输给了这个世界。

但是啊，请不要怪他们。他们只是两个愚蠢又可怜的孩子。

不谈恋爱，我也很好

朋友问我为什么不谈恋爱。我吧，大概是因为有太多担心，心累了。

怕遇不到喜欢的，不喜欢他的身高、样子、声音，谈着让自己难过的恋爱。怕遇到喜欢的，不喜欢我，浪费了自己的时间和期待。

怕遇到了喜欢的，嘴上说喜欢我，却撩了就跑的，自己付出了的感情碎成一地。最怕最怕，是遇到了喜欢的，也喜欢我的，谈了很多很多年，从念书那会，到毕业工作，到谈婚论嫁的年纪，却因为种种原因就这样分开了。

其实还喜欢，但也没办法。就这样眼睁睁地看着身体的一部分被抽离，再也不会被返还了。

所以还是不要叫我谈恋爱了吧。这件事危险系数太高，稳赔不赚，我也越来越承受不来。与其难过得要死，倒不如继续孤身一人。

说实话，我更想暴富起来，不要求一夜那种，一千零一夜也行。想吃的东西自己买，想去的地方自由行，想抓住的世界也不奢求四指连弹。

有时候窝在沙发里，就想说，去他的恋爱吧，我只想赚钱。

就是这样啊，我又不是那么脆弱的一个人，没有恋爱就要死要活，就觉得自己是全世界最狼狈的家伙。

其实一切都很好。不谈恋爱，我也很好。

你不需要那么完美

这些年来，其实也见证过一些人分开。

各种理由，狗血的、狼狈的，或者毫无征兆地分开。

有时候和朋友聊天，觉得这个年龄了，要是经常还为了爱情里的种种而号啕大哭，真的是很难为情吧。

当然这是作为第三人称的我，丝毫不负责任的说辞。

很多人之所以不敢轻易开始一段感情，是因为谈恋爱的时候，陷于其中，感觉就像是在幸福的沙流里，生活的每一处细节都充满了浪漫的味道，可是一旦破裂，只会令人难过、癫狂、抑郁、无力、不安。

如果你没失恋过，那么恭喜你呀，你真的是难得的幸运儿。身边也有这样的，第一次谈恋爱，就直接到了结婚。

如果你失恋了，正在经历黑暗边境的孤独与悲伤，那么，这也不算无药可救。因为凡事总是要经历的，看开点。

前几天，乔乔失恋了，她近乎病态地开始发呆。没有办法做任何事，一天也不喝水。当时正处于一个尴尬的季节，当我提议一起逛逛的时候，好像所有的恋人都在街边亲吻。

"不用在意我，我很好啊。"乔乔眯着眼睛，慢悠悠地往前走，鞋跟发出细小的摩擦声。

那是极其难受的一段路程，即便不算太远。

从厨房到超市，乔乔心不在焉地哼着歌走在我的前方，她灰色的毛衣穿反了，脖子后露出显眼的商标。

我买来八罐啤酒，放在桌子上，然后我换了一个舒服的姿势坐下，看着她的眼睛。

"都喝光吧今天。"

"哈哈哈，你在开玩笑吗？"

"就这一次。"

这是这些天来我感到最舒坦的一次，乔乔号啕大哭后沉睡过去。相比前几天她在被窝里咬着胳膊不敢发出声音，这要让我安心得多。乔乔在睡着之前，将一罐啤酒浇在仙人掌上。

尽管有些醉意，我也不会忘记她的话。

"你并不完美啊，但你不必为此自责。"

每个人都在渡自己的河

"希望你一直自暴自弃下去。"阿鲸用一种很平淡的口吻对我说。我不知道她这算是嘲笑,还是某种偏激的劝告。

"好啊。"我戏弄似的朝她敬了个礼,然后拿起桌上的酒瓶,晃了晃,"最后一瓶。"

对于曾经的我来说,喝醉多多少少算是一种罪恶,甚至让我觉得羞耻。可现在的我并不在乎,因为我痛苦,大概没人比我更痛苦。

至少我是这样想的。

"我想去看雪。"阿鲸突然这样对我说,"瑞士也好,小樽也可以。"

"雪吗?"我有些不解,为什么她要对我说这个。明明是我更悲惨,我披头散发像个乞丐,在一堆酒瓶里翻来覆去,她却对我说去旅行。

"那你去呀,没人拦着你啊。"

"嗯,我想快了。"阿鲸冲我甜甜地一笑,然后从沙发上起身,帮我把地上七零八落的酒瓶给收拾掉。我醉了,然后很快睡去。

一个月以后,我听到了阿鲸的消息。她没有去瑞士,也没有去日本。她没有看到任何雪景。相反,她死了。

在故土阳光明媚的一个清晨,她和往常一样,早早地起床,去早餐店吃了最喜欢的灌汤包,和晨练的阿姨微笑挥手,给窗台的花浇了水。

然后,悄无声息地死了。阳台还有她刚洗好挂上的衣服。

过去我常常觉得自己很不幸,觉得自己是世界的弃儿,直到我看到阿鲸无声地躺在沙发上,安静得令人心疼。

大概在很久很久之前,她的世界就已经崩塌了,遍地碎屑瓦砾,可她却笑着对我说:"我想去看雪。"

我不知道这世界上还有多少人和阿鲸一样,深陷痛苦的旋涡里,无望等待。然后,在一个风和日丽的早上,像往常那样起床,然后死去。

30件杀死周末的无意义小事

1. 单曲循环几首很丧的歌。
2. 吃一大堆的零食,没尝过的那种。
3. 删掉前任的来访记录。
4. 心血来潮做自己喜欢的饭菜。
5. 拍一堆自拍,心情好就修一下。
6. 看看朋友圈的其他人在做什么。
7. 翻翻很久没看过的漫画。
8. 做做家务当放松。
9. 写一些矫情的文字再删掉。
10. 开一瓶红酒,喝一小杯。
11. 转发几个好玩的段子。
12. 看部泪点低的电影,哭到不行。
13. 出门跑跑步,看看别人遛狗。

14. 去偶遇很多不认识的人。

15. 理发，换一个全新的形象。

16. 一个人看恐怖片。

17. 出门撸猫。

18. 给自己找几个好看的微信头像。

19. 整理自己的房间。

20. 躺着发呆。

21. 找喜欢的人，说几句无聊的闲话。

22. 给自己买个绿植，摆拍却又不发朋友圈。

23. 玩玩很久没上线的游戏。

24. 照照镜子，想事情。

25. 泡一杯咖啡，仪式感一下。

26. 出门跑步。

27. 找个本子写写自己的心情。

28. 随便搭上一辆公交。

29. 找个地方点杯小酒。

30. 做个喜欢的指甲。

你要的安全感只有自己能给

前段时间朋友失恋了，那时候他刚参加工作大半年。两人是异地，他把绝大部分收入都花在来回机票和见面吃饭上了。后来他跟我苦笑，说自己人财两空，谈什么恋爱，暴富才是正经事。

那时候我也就是笑笑他肤浅，却也觉得有时候感情确实如此，还不如钱实在。去年这个时候，听一个朋友倾诉，他觉得自己快要活不下去了。不久前他母亲被查出了病，他自己工作上也一直被排挤，升职加薪无望，母亲的病也得不到好的治疗。

那时候朋友真的要崩溃了，每天烟不离手。他也就是那段时间分手的，一方面为家里焦虑，另一方面也确实没心思恋爱。

看到一部剧里的台词，说的是，恋爱本来就是那些时间和金钱富足的人做的事，很多人连自己都照顾不好，还谈什么恋爱。

没事多赚钱，困了多睡觉，不论经历了什么，好好对待生活比什么都重要。

王尔德说："在我年轻的时候，曾以为金钱是世界上最重要的东西。现在我老了，才知道的确如此。"

虽然这句话有些夸张，但是在生活困难重重的时候，你会发现，钱真的重要。生活里总有些让人绝望的时候，世界一点一点崩塌，不如意的事情一件接一件。但除了接受，你根本没有选择的余地。

接受它、熬下去，才有希望战胜它，把生活过成自己希望的样子。罗曼·罗兰说过："世上只有一种英雄主义，那就是在认清生活的真相之后，依然热爱生活。"

钱真的很重要，它能帮你回避风险，能帮你解决生活中大多数难题。所以有空的时候，也别想别的，多赚点儿钱比什么都管用。除此之外，睡眠也真的很重要，能帮你放松自己，为更好的生活养精蓄锐。

没有什么问题是睡一觉不能过去的。有空的时候就别东想西想了，好好睡一觉，把自己放空。

好好做你自己，过好属于自己的生活，不要偏执地将时间放在没有任何意义的事物上。发生了什么不重要，前路多难也不重要，认清生活的真相，然后好好拥抱生活。是真的，无论是你爱了一个月还是一年还是十年的人，都有可能离开你。

有时候费了那么大的心血，却爱而不得，这样的打击真的很大。

倒不是说要做一个拜金的人，或者是如何如何爱财，只能说，与其把期望放在其他人身上，倒不如让自己变得更好。

是真的，你要的那些安全感，只有你自己能给。

优先考虑那些优先考虑你的人

跟倩倩聊天,说到放假要陪谁一起过。

她说,很简单啊,优先考虑那些优先考虑你的人。现在的男孩子都油腔滑调的,可能前一秒还在约你看电影,后一秒就和别人吃晚餐了。所以,你一定要去找那个把你当作唯一选择的人。

每个人的时间都有限,愿意把你放在心上的人,一定很在意你。

你注视着他的眼睛,他也情不自禁地用眼神与心跳回应着你。

这样的概率,在这个世界上大概存在多少呢,我想,可能不足万分之一。

也许你现在拥有伴侣,一切也还顺利。他可能真的喜欢你,但这一点也不妨碍他同样喜欢别人。真正令人遗憾的是，可能我们从未体验过被对方直觉选择的感觉。

橘子分手了，她说，谈了两年多，其实挺开心的，但从来没有真正感觉到被爱。对方和自己在一起很偶然，没有一开始就下定决心。

说好听点，是谈着看看；说难听点，也就是备胎。

说到底，遇见合适的人不难，难的是遇见那个对你心动、心定的人。门当户对，总有退而求其次的意味，而爱，才是真正对自己意愿的顺从。

希望你遇到那么一个对你好的人，他的每一个细节、每一个动作都写满了爱你。但他却不大肆宣扬，只是悄悄地把你放在心上，甚至只要和你对视一眼，心脏就会狂跳。

所以我希望："我是一个让你心动的人，而不是权衡利弊后觉得不错的人。"

如果你的心里有我，你凡事都想着我，那我也一定会特别特别优先考虑你，你会是我的强提醒、我的置顶、我的秒回。

所以你，请一定不准敷衍我。

一次也不行。

人的感情是流动的

最近总听到有人说：感情是流动的。确实是这样，他可能前一秒爱你到不行，后一秒却能淡定地拉黑你。

他能喜欢你，也可以喜欢上别人，甚至更喜欢。

果冻给我讲，他真的忍不住，尽管所有联系方式都和前任互删了，但他还是会去看她的微博，没有一万遍，也有八千遍。

他目睹对方删光了所有的内容，然后和新的男生互粉。

然后，晒了合照，秀了恩爱，仿佛上一段恋情从来没有过。

果冻说刚开始看到的时候自己心态很爆炸，每天都很不是滋味。有种被掏空的感觉，好像自己是全世界最落魄的那一个。

我说，你是不甘心吧。他说，也可能是吧。

其实分手前他也有感觉，能和自己走到最后的那个人，好像并不是她。

他也总是安慰自己,两个人只要互相喜欢就好了,再坚持一会儿,也许结果就不一样了。可是我倒觉得,他是在拿所谓遗憾折磨自己。

有很多时候,最后的结果早就注定了。

道理是这样没错,但有时输入法打出他的名字,你都会感觉鼻酸。你拉黑了他又放回原处,设置不看他的朋友圈又改回来。

这样反复了好多次,你感觉自己真是一个幼稚鬼。

其实没有必要啊,很多事情我们并不是执念于一个结果。不是要一句道歉或者一句原谅,就能和过去握手言和。

所以,如果累了,就算了。

虽然没有一个特别的人在身边嘘寒问暖,也没有在重要日子里互相准备惊喜,但是你也交了很多新朋友,也学会了看到阴天就带伞,你可以方方面面都照顾好自己。

听歌的时候看到句评论很扎心,分享一下:"你欠某个人的,会有另一个人要回去。某个人欠你的,会有另一个人还给你。你对某个人做的事,不管是伤害还是付出,总会有另一个人报答或者报复,在不同的时间节点。人生的无情与多情,绝情与滥情,总体来说,是守恒的。"

那些爱你的人，会教会你什么是爱；爱过你的人，会让你懂得什么是成长。

记得开始崭新的生活，就像不曾遇见他。

单身是最好的增值期

前段时间很多人在转 Lady Gaga 的一段话:"我曾经有一个男朋友,他告诉我我永远都不会成功,他希望我失败得如同一摊烂泥。而我对他说,会有那么一天,当我们早已不在一起,你就连买一杯咖啡都会听到我的歌。"

其实我听过很多人的倾诉,有从浪漫甜蜜发展到四分五裂的感情,有充满猜疑、谎言与背叛的复杂关系,也有多年后携手抵达终点的爱情长跑。凡是被分手的,基本都希望自己活得好看,让对方后悔到不行。

我当然理解这个心情。

我也有过这样一段心理调节时期,从否定自己,到一点一点重新让自己开心。在经历了漫长的心碎与委屈过后,我希望你能够振作起来,成为一个更好的人。

你可以把分开作为一种奇妙的激励,去塑造、完善更好的你。

这当然会是一个痛苦并且无从倾诉的过程。你忍受的煎熬只有你自己知道,在无尽的黑夜与汗水浸泡之后,当他后悔想重新找你的时候,你看到他的好友请求连眼皮都没抬一下。

在那天到来之时,你会感激这一切,因为你今后不再是任何人的包袱。你可以从容地站在他的面前,不再卑微,也不用刻意得到谁的喜欢。

你要记得啊,在单身和恋爱两种状态里都做好自己。一个人的时候,并不一定就很孤独,也可能会很自在;两个人的时候,并不一定就很拥挤,也可能会很浪漫。

该来的终究会来,该拥有的终究会有,不应当去强求,而是要学会适应。你所做的一切,并不是为了在未来某天让他感到后悔。

你是为了你自己开心而改变的。

至于他,你一点都不在乎。

缺爱的日子也别气馁

想起最近和几个有意思的朋友聊天，提到很多的一个词是"缺爱"。

我问她们会不会担心不被爱啊，或者说被真爱锁定的概率越来越小，或者说没有那么纯粹了，捆绑了利益，精打细算权衡利弊那种。我说，你们救救我，有时候感觉怪累的。朋友矜矜说，我自己都像沉溺在海里，怎么救你啊，救不到。我们都哈哈大笑。

好像总是会有那么一些共性，她也经常会在微博上说自己感情不顺，说很烦，要戒掉男人。你说吧，有人会因为没钱整夜睡不着，也会有人因为没有爱大把大把掉头发。

后来我得出了一个结论：我说每个人的感知力是不同的。有人没有，当天就可以走出来；有人分手就是很痛苦的，因为会像骆驼一样反复咀嚼那种苦涩。当然也不建议那样，一段恋爱结束后，遗憾的时间比在一起还久。

然后也和H聊了蛮久，他说，我喜欢你表达的方式，如果可以的话，你来苏州发展啊。

对了，我离职了，大概就剩下10天的时间交接吧，之后要离开青岛，我待了3年的城市。

有很多想说的吧，但其实，我去海边的次数也屈指可数。在很漫长的时间里，我一直在寻求自己要什么，也想过在山东这里定居。

这里天气真的很好啊，这里的人也特别温柔可爱，这里的夏天没有40摄氏度哦。但是呢，我要走了。

我领导对我说的是，如果你考虑好了，尊重你的想法，我们也没有遗憾了。

那我的遗憾呢？是在万里高空上被删除的很多照片，是被快递给某人的遗留物品，是我一直居住的房子。还蛮多的。

我是个记性不太好的人，也是有强迫症的人。之前有次房间里床的位置移动了，我为此特别崩溃不安，夜里竟然有种睡在别人家的错觉。现在准备搬家了，把家里很多东西送给别人，会带走的就是一些衣服吧，这么久下来居然感觉什么都没遗留。

经常有人加我微信，给我讲自己的感情故事，很长很长很长很长。

其实看完之后，我的回答总是两个字："别舔。"

大凡不甘心不舍得的人，多半是那个受伤害的人。你停留在原地的时候，别人早就把你忘得一干二净了。

懂不懂啊，别做舔狗，没有好下场的，一个都没有。

如果你换位思考一下就会知道，你的喜欢和关心对别人来说是困扰，只会惹来无尽的厌恶和嫌弃。没有什么好结果的，知道吗？

刚才听到一首很喜欢的歌，萨帝的《裸体之舞》。我很喜欢这个关于古希腊的典故，在某个特定的节日，年轻人赤裸着身体翩翩起舞。

我有告诉你我喜欢什么吗？

我喜欢那种朦朦胧胧难以捕捉的梦。

我喜欢那种像是拥有几十年前滤镜的夏天。

我喜欢那种半明半暗的云层。

常常感觉自己被困在那种季节里，就像《请以你的名字呼唤我》里意大利永不谢幕的夏天那样：少男少女、嬉笑声、游泳池、钢琴声、白衬衫……

如果让我徒手捏出一个世界，大概就长成这样。

又回到最开头我提到的"缺爱"。

我想起来了，我和 H 聊到的，关于我对他说的：我希望你能找一个好女孩，我希望你能被用心对待，我也希望你可以成熟有担当。

别为了打发时间就去消耗一段恋爱，你要找的是足够心动的人。知道吗，你身边很多女孩子喜欢你的车，你应该找个对此不屑一顾的人。

我说说我的个人看法，我会找个我很在意的人结婚，不敢伤害她，不愿伤害她，因为我承担不起她离开和难过的代价。

你看啊，夏天在一点点来了，前天站在街边的咖啡店，一个同事因为着急的事情向我求助。她问，这个怎么排版啊？救命！

当时我欣赏着这个季节的美景，光线好看得让我突然不舍得这座城市。我说，夏天要来了吧？

她说，啊，大概。

我说，真好啊。

我要去远航了

"我再重复一遍,这次去往太空的是在世界上孤身一人,且不被爱的家伙。在浩大的星空里,承载人类几十亿生灵的希望和使命。在多维的边界,最接近黑洞的旋涡,在时间脉搏的裂缝里,你注定是一个人前往的,这艘飞船没有设计过任何的返航计划。"

"所以,你是如何被选上的?"弥契出发前捣弄着手表,小心翼翼地把每一个螺丝镶嵌紧,"这是我爸留给我的,我在这世上没有任何家人了。"

"我?"我抬头望向机舱,大概还有不到3小时,我会被它永久发向宇宙深处。

能被选上的人,都在地球上没有任何羁绊,注定是太阳的尘埃。

人类经历了很多年才意识到：爱是唯一可以超越时间与空间的事物，它比任何一种信号都更为强烈，也最容易暴露地球文明。

没有牵挂的人，才足以去对抗漫长孤独的银河漂泊。

"来根香烟？"弥契对我说，"我保证这会是你此生最后一次有机会碰它。"我接了过来。也是，为什么不呢。

"再重复一遍，再重复一遍：这次的远航没有终点。"

广播的声音响起，像冰冻的海面一样平稳。就像我参加太空选拔的前一个夜晚，就像我13岁那年跌入水箱溺水，就像我埋掉养的第一只猫，就像我第一次被油溅到没有落泪。

没有关系的，没有关系的，包括宇宙、黑洞、灵魂、爱与琥珀，人类的无数回溯、感慨、夸张、炫耀、仇恨，包括红橙黄绿青蓝紫，最后触摸的又是最简单的、稀疏平常的温度，几百年沉默的矿石，最深不可见的海底。

我去远航了。

不要熬夜，多爱自己

很多人都说，不要熬夜，太伤身了。甚至有个关系不错的朋友，为了提醒自己早点睡觉，直接把名字改成了"今天不要熬夜"。

但真相是，很多人都是在说完了晚安之后，各自晚睡。这并不好啊，或许会在某一天把身体折腾得很糟糕。

我有个朋友，一个极其可爱的少女，与她见过好多次面，她总是一副开心模样。

前不久她还计划着去参加音乐节，难以预料的是，在她最美好的20岁，被检查出患了严重的肝病。

然后她的生活就这样突然地断层了，迎接她的是噩梦一般的折磨，日复一日的看病、复查、抽血、吃药、昏睡。原本活泼的她突然像是蒸发了一般，又像是躲到了某处阴影之下。

只有在某个深夜时刻，才会看到她发出一条动态，不到一会儿又删除，就像什么都没发生过似的。

我曾经因为工作的原因，不可避免地打扰到她，那是在下午一点多的时候，我给她发了很多次消息都没回复，最后不得已给她打了个电话。

在这样一个阳光明媚的午后，她才刚刚醒来，像是经历了一场磨难，嗓音干哑地对我说："嗨，好久不见你了。"

于是，在简单接完我的电话以后，她又像动物似的陷入了漫长的冬眠。我不敢想象这世上的一切病痛真正发生在身上时的那种感觉——孤独，恐惧，癫狂，绝望，折磨。

这个世界上从来没有感同身受，真正的痛苦只有患者自己能够体会到。大部分旁人都只是带上康乃馨，敲开病房，问候一句"会好起来的"，再旋即投入自己的美妙生活之中。

病痛远远比我们想象的更可怕，我们也永远无法预知明天有什么在考验着我们。除了你自己，没有人会理解你的苦难。如果不小心走入了最漆黑的那段路，就真的只剩下自己一个人走完。

所以啊，我希望你们好好爱护自己，过上自律的生活，不要晚睡，不要熬夜。无论你在追逐诗与远方的道路上多么匆忙。

你始终要学会珍惜和感激健康。

对刺猬女孩好一点

　　我曾经遇到过一个女孩，刚认识她的时候，她高冷得不像话，和她说话简直是对耐性的一种考验。经过了很久很久以后，我才终于看清卸下防备的她，敏感善良，惹人怜爱。

　　渴望被爱，也怕受伤害，我相信你们很多人也是如此。看惯了太多，经历了太多，开始逐渐恐惧这个混乱无序的世界。于是把自己蜷缩起来，用最坚硬的刺来保护自己，沉默而又敏感。

　　成为刺猬的你们，尽管看起来坚强无比，其实只需要一点风吹，就能让你蜷缩得更紧些。造成这一切不安的原因有很多，有关于爱情的溃败，也有家庭的分崩离析。但是可以肯定的是，这里面绝大一部分人以前并不是刺猬。既不绝情，也不冷漠。

　　只是后来因为信任与爱，将自己最柔软的部分向别人展示出来。而得到的回报，却是被人用最尖锐的部分深深刺痛。信任与安全感真的是张薄纸。被人揉皱了，想要再抚平成原始的模样，就已经不可能了。

从此害怕有人靠近，不再轻易敞开心扉。既感到无限孤独，又害怕接受拥抱。就像是喝过滚烫开水的人，即使是见到涓涓溪流，也会感到舌尖的灼热。

这样难挨的日子当然还会持续下去。也许很久很久，也许在明天就会结束，直到你遇到一个真正爱你的人。

他不害怕你浑身警惕而又坚硬的刺，他会伸手抚摸你，让你感觉到血液与心脏的温度。你会被他驯服，与他相拥。而陪伴了你很多年的刺，也会剥落殆尽，变成一个完整柔软的你。

图书在版编目（CIP）数据

你不是孤单一人/小馆长著.--成都：四川文艺出版社,2023.6
ISBN 978-7-5411-6633-4

Ⅰ.①你… Ⅱ.①小… Ⅲ.①恋爱心理学—通俗读物 Ⅳ.① C913.1-49

中国国家版本馆 CIP 数据核字 (2023) 第 083684 号

NI BUSHI GUDAN YI REN

你不是孤单一人

小馆长 著

出 品 人	谭清洁	选题策划	何　方
出版统筹	吴兴元	编辑统筹	肖　恋
责任编辑	王梓画	特约编辑	张　甜
责任校对	段　敏	封面设计	清　橘
营销推广	ONEBOOK		

出版发行	四川文艺出版社（成都市锦江区三色路238号）
网　　址	www.scwys.com
电　　话	028-86361781（编辑部）

印　　刷	嘉业印刷（天津）有限公司		
成品尺寸	143mm×210mm	开　本	32 开
印　　张	7.75	字　数	175 千字
版　　次	2023 年 6 月第一版	印　次	2023 年 6 月第一次印刷
书　　号	ISBN 978-7-5411-6633-4	定　价	62.00 元

后浪出版咨询（北京）有限责任公司　版权所有，侵权必究
投诉信箱：copyright@hinabook.com　　fawu@hinabook.com
未经许可，不得以任何方式复制或者抄袭本书部分或全部内容
本书若有印、装质量问题，请与本公司联系调换，电话 010-64072833